走进大学
DISCOVER UNIVERSITY

什么是数字贸易？

WHAT IS DIGITAL TRADE?

王群伟　主　编
马晓平　副主编

大连理工大学出版社
Dalian University of Technology Press

图书在版编目(CIP)数据

什么是数字贸易？/ 王群伟主编. -- 大连：大连理工大学出版社，2024.10. -- ISBN 978-7-5685-5187-8

Ⅰ．F724.6

中国国家版本馆 CIP 数据核字第 2024GB1287 号

什么是数字贸易？
SHENME SHI SHUZI MAOYI?

出 版 人：苏克治
策划编辑：苏克治
责任编辑：王　伟　李舒宁
责任校对：张　泓
封面设计：奇景创意

出版发行：大连理工大学出版社
　　　　　（地址：大连市软件园路 80 号，邮编：116023）
电　　话：0411-84708842（发行）
　　　　　0411-84708943（邮购）　0411-84701466（传真）
邮　　箱：dutp@dutp.cn
网　　址：https://www.dutp.cn

印　　刷：辽宁新华印务有限公司
幅面尺寸：139mm×210mm
印　　张：5.5
字　　数：140 千字
版　　次：2024 年 10 月第 1 版
印　　次：2024 年 10 月第 1 次印刷
书　　号：ISBN 978-7-5685-5187-8
定　　价：39.80 元

本书如有印装质量问题，请与我社发行部联系更换。

出版者序

高考，一年一季，如期而至，举国关注，牵动万家！这里面有莘莘学子的努力拼搏，万千父母的望子成龙，授业恩师的佳音静候。怎么报考，如何选择大学和专业，是非常重要的事。如愿，学爱结合；或者，带着疑惑，步入大学继续寻找答案。

大学由不同的学科聚合组成，并根据各个学科研究方向的差异，汇聚不同专业的学界英才，具有教书育人、科学研究、服务社会、文化传承等职能。当然，这项探索科学、挑战未知、启迪智慧的事业也期盼无数青年人的加入，吸引着社会各界的关注。

在我国，高中毕业生大都通过高考、双向选择，进入大学的不同专业学习，在校园里开阔眼界，增长知识，提升能力，升华境界。而如何更好地了解大学，认识专业，明晰人生选择，是一个很现实的问题。

为此，我们在社会各界的大力支持下，延请一批由院士领衔、在知名大学工作多年的老师，与我们共同策划、组织编写了"走进大学"丛书。这些老师以科学的角度、专业的眼光、深入浅出的语言，系统化、全景式地阐释和解读了不同学科的学术内涵、专业特点，以及将来的发展方向和社会需求。希望能够以此帮助准备进入大学的同学，让他们满怀信心地再次起航，踏上新的、更高一级的求学之路。同时也为一向关心大学学科建设、关心高教事业发展的读者朋友搭建一个全面涉猎、深入了解的平台。

我们把"走进大学"丛书推荐给大家。

一是即将走进大学，但在专业选择上尚存困惑的高中生朋友。如何选择大学和专业从来都是热门话题，市场上、网络上各种论述和信息，有些碎片化，有些鸡汤式，难免流于片面，甚至带有功利色彩，真正专业的介绍尚不多见。本丛书的作者来自高校一线，他们给出的专业画像具有权威性，可以更好地为大家服务。

二是已经进入大学学习，但对专业尚未形成系统认知的同学。大学的学习是从基础课开始，逐步转入专业基础课和专业课的。在此过程中，同学对所学专业将逐步加深认识，也可能会伴有一些疑惑甚至苦恼。目前很多大学开设了相关专业的导论课，一般需要一个学期完成，再加上面临的学业规划，例如考研、转专业、辅修某个专业等，都需要对相关专业既有宏观了解又有微观检视。本丛书便于系统地识读专业，有助于针对性更强地规划学习目标。

三是关心大学学科建设、专业发展的读者。他们也许是大学生朋友的亲朋好友,也许是由于某种原因错过心仪大学或者喜爱专业的中老年人。本丛书文风简朴,语言通俗,必将是大家系统了解大学各专业的一个好的选择。

坚持正确的出版导向,多出好的作品,尊重、引导和帮助读者是出版者义不容辞的责任。大连理工大学出版社在做好相关出版服务的基础上,努力拉近高校学者与读者间的距离,尤其在服务一流大学建设的征程中,我们深刻地认识到,大学出版社一定要组织优秀的作者队伍,用心打造培根铸魂、启智增慧的精品出版物,倾尽心力,服务青年学子,服务社会。

"走进大学"丛书是一次大胆的尝试,也是一个有意义的起点。我们将不断努力,砥砺前行,为美好的明天真挚地付出。希望得到读者朋友的理解和支持。

谢谢大家!

苏克治
2021 年春于大连

序 言

数字贸易是技术进步、社会发展的产物。随着大数据、人工智能、量子信息、物联网、区块链等新一代信息技术的迅猛发展,人类认识世界、改造世界的能力迅速提升,引发生产力和生产关系的深刻变革。随着全球信息网络的扩展和电子商务的兴起,传统的贸易模式受到前所未有的冲击,数字贸易应运而生。

传统贸易中间环节多、流程烦琐,交易费用较高,贸易的效率和规模受到了明显的限制。随着数字技术的快速发展,买卖双方可以更加方便地进行信息沟通、协商和交易。此外,数字技术的发展也催生了众多新兴的数字产品,这些数字产品具有高度的复制性和传播性,通过数字技术可以轻松地实现全球范围内的交易。依托数字技术,传统贸易方式得以数字化升级,不仅提高了交易效率,也降低了交易风险。同时,贸易内容也实现了数字化拓展,从传统的实物商品拓展到数字产品、服务等领域。

自 20 世纪 90 年代以来,中国以互联网行业发展为开端,在信息基础设施建设、应用市场规模上飞跃发展,已经成为世界公认的数字化大国。创新模式也由模仿创新逐步转变为自主创新,从信息传播到数字商务,从网络服务到智能决策,新产业、新业态、新模式不断涌现,在诸多数字化实践领域出现了"领跑"局面。中国政府大力推进"互联网+"战略和数字经济发展政策,更是为数字贸易的发展提供了坚实的政策支持和良好的发展环境。

数字贸易的广泛应用与推广,离不开专业人才的培养和社会各界的关注。近年来,中国高校陆续开设了电子商务、数据科学、信息管理等相关专业,为数字贸易的发展培养了大批优秀人才。同时,数字贸易的理论研究和实践探索也不断深入,学术界和产业界的合作日益紧密,共同推动了数字贸易的快速发展。

《什么是数字贸易?》是一本面向准大学生及其家长的科普图书。编者以准大学生及家长报考大学选择专业为出发点,站在他们对大学专业认知尚不清晰的角度,通过充满趣味性的叙事方式,深入浅出地介绍了数字贸易的基本概念、发展历程、核心技术、应用领域及未来前景。

这是一本从非大学生角度介绍专业知识的书籍,对于高考学生和家长,期待这本书能够帮助你了解这个充满机遇和挑战的专业,引导学生找准兴趣,更好地规划自己的人生。对于一般读者,本书提供了丰富的信息和视角,让你能够了解这一蓬勃发展的领域,或许你的工作和生活也能因数字贸易的介入而变得更加高效和便捷。

《什么是数字贸易?》不仅是对数字贸易专业知识的普及，更是对未来数字经济发展的美好展望。希望本书能为读者打开一扇了解数字贸易的窗口，让我们共同迎接数字时代的到来。

马述忠

2024 年 5 月

马述忠教授为浙江大学中国数字贸易研究院院长、中国信息经济学会副理事长、中国市场学会副会长、全国国际商务专业学位教指委委员。

前　言

在新一轮科技革命的推动下,物联网、人工智能、大数据、区块链、5G等数字技术正深刻改变着我们的生活和工作方式,数字化浪潮引领着新一轮科技变革和产业革命的潮流。数字贸易,作为21世纪的新兴领域,正在成为全球经济发展的新引擎。数字贸易不仅蕴含着深厚的历史渊源和前沿技术,更深刻地反映了全球经济的变革和数字化时代的来临。

在数字贸易的世界里,信息流、物流、资金流和服务流交织融合,构成了全新的商业生态。这一领域以提高交易效率、降低交易成本、拓展市场边界为核心,为各国经济发展注入了新的动力。数字贸易在全球的广泛应用,以及数字贸易自身的普惠特征,也有助于解决一些发达国家和发展中国家所面临的经济发展不平衡的问题,为构建更加公平的全球经济体系提供了新的机遇。

进入21世纪以来,社会对数字经济的关注度持续升温,政府也加大了对数字技术的支持和引导,数字贸易在中国迎来了蓬勃发展的局面,成为促进经济转型升级、推动经济高质

量发展、构建新质生产力的重要力量。

本书旨在向广大读者介绍数字贸易的基本概念、发展历程、核心技术、应用领域及未来前景。我们将以通俗易懂的语言，配以生动形象的案例和图表，深入浅出地解读数字贸易的复杂内涵，帮助读者更好地了解这一充满活力和机遇的领域。

本书由南京航空航天大学王群伟任主编、由马晓平任副主编。南京航空航天大学王长波、张晓恒、郝晓晴、邓晶、欧阳林寒参与了编写。具体分工如下：王群伟进行了全书的总策划与章节目录设计，马晓平编写了"数字贸易从何而来？"，王长波编写了"数字贸易是什么？"，王群伟编写了"数字贸易的应用领域有哪些？"，张晓恒编写了"数字贸易在'一带一路'中表现如何？"，郝晓晴编写了"数字贸易未来怎么样？"，邓晶编写了"数字贸易培养怎样的人才？"，欧阳林寒参与了全书的总策划与章节目录设计，马晓平协助主编对全书进行了统稿。

尽管我们力求准确完整，但由于学科具有交叉性和知识广泛性的特点，书中难免存在不足和疏漏之处。因此，我们真诚地期待读者和专家学者的批评指正，共同完善这部作品，为数字贸易领域的发展贡献力量。

编　者

2024 年 6 月

目　录

数字贸易从何而来？——数字贸易的前世今生 / 1
传统贸易时代——商路延伸描绘全球脉络 / 1
早期贸易时代——全球网络初步搭建 / 1

三次工业革命——技术缩短贸易周期 / 3

数字贸易时代——逐步实现贸易全流程数字化 / 7
贸易调研——外贸大数据的力量 / 7

贸易服务——数字化通关与数字化物流 / 8

数字贸易的境界——市场更加开放包容 / 10
数字无限——数字技术带来贸易无限可能 / 10

贸易无界——网络平台吸引全球参与 / 13

数字贸易的使命——促进全球经济繁荣发展 / 17
实现资源全球范围优化配置 / 18

助力传统产业的数字化转型升级 / 19

推动全球经济的普惠发展 / 20

重塑中国外贸新优势 / 21

数字贸易是什么？
——在虚拟世界中实现真实交易 / 23
数字贸易的定义 / 23
OECD 对数字贸易的定义

——强调数字技术的支撑作用 / 24

中国对数字贸易的定义

——为两个数字化指明发展方向 / 25

数字贸易的构成 / 27
贸易方式数字化——传统贸易升级换代 / 27

贸易对象数字化——传统商品焕发新生 / 30

数字贸易的特征 / 32
平台化——没有中间商赚差价 / 33

集约化和普惠化——大家一起"拼单"更划算 / 34

个性化和全球化——听取四面八方的"声音" / 36

数字贸易的影响 / 38
经济方面——无缝连接全球市场 / 38

技术方面——加速信息和服务的数字化 / 39

社会方面——转变消费者行为和企业模式 / 41

环境方面——推动可持续商业实践 / 44

数字贸易的应用领域有哪些？——数字贸易无处不在 / 47
贸易方式数字化——让交易过程便捷、高效 / 47
数字营销——通过多媒体渠道捕捉目标客户 / 47

数字支付与数字货币——货币只是一串数字 / 49
智慧物流与海外仓——使我国商品更快走向世界 / 52
数字海关——让通关进入"快车道" / 53

无形服务贸易——优质服务触手可及 / 55
在线教育——最大化利用教育资源 / 56
远程诊疗——名医入户计划 / 57
咨询服务——数字咨询新时代 / 60

内容产品贸易——进入数字版权新时代 / 61
数字音乐——奏响音符的数字魅力 / 61
在线视频——新时代的视觉盛宴 / 64

数字技术贸易——为经济赋能添翼 / 65
人工智能与大数据——让数字贸易产生"智"变 / 66
云计算——让计算触手可及 / 70
物联网——让连接无处不在 / 72

数字贸易在"一带一路"中表现如何？——它不负众望 / 75

中国与"一带一路"共建国家的数字贸易情况 / 75
前景广阔——"一带一路"贸易插上"数字"翅膀 / 75
哪些国家表现突出？ / 77

中国与"一带一路"共建国家的数字服务贸易情况 / 80
数字服务贸易结构持续优化向好 / 80
"中国式"数字服务贸易展望 / 81

中国与"一带一路"共建国家的跨境电商情况 / 82

数字贸易未来怎么样？——创新与挑战并存 / 86

贸易生态更加智能 / 88

智能决策与市场预测——AI 帮您做决定 / 88

个性化的用户体验——打造独一无二的消费者旅程 / 90

贸易模式更加智慧 / 92

虚拟现实与增强现实在贸易中的应用 / 92

人工智能在供应链管理中的角色 / 98

贸易结算更加便利 / 105

无边界支付系统——一触即达的全球交易 / 105

区块链——信任与透明的新纪元 / 106

全球治理制度更加完善 / 109

DEPA 框架下的治理制度
——模块化的结构和灵活的执行方式 / 109

WTO 框架下的治理制度
——高标准的电子商务规则 / 113

数字贸易培养怎样的人才？——全能型的数字贸易战士 / 116

数字贸易人才培养理念——横跨多学科 / 116

数字贸易≠纯文科 / 117

数字贸易涉及的领域 / 119

数字贸易基础知识学习——纵深有要求 / 122

经济学是数字贸易观察市场的工具 / 122

管理是数字贸易顺应市场的手段 / 126

计算机是数字贸易联系市场的媒介 / 128

数字贸易主要专业方向——面向新时代 / 131

　　数字贸易是外贸增长的新引擎 / 131

　　数字贸易是大数据的新热点 / 134

　　数字贸易是电子贸易的大平台 / 136

数字贸易实践教学环节——实践出真知 / 139

　　身临其境——直播新体验 / 139

　　能言善辩——参与模拟交易会 / 142

　　小试锋芒——进入企业勇实习 / 144

参考文献 / 148

"走进大学"丛书书目 / 151

数字贸易从何而来？
——数字贸易的前世今生

假舆马者，非利足也，而致千里；假舟楫者，非能水也，而绝江河。

——荀子

▶▶ 传统贸易时代——商路延伸描绘全球脉络

➡➡ 早期贸易时代——全球网络初步搭建

亚当·斯密曾在其书中写道："人类有一种以物易物的内在偏好。"这种偏好，从古至今，一直是驱动贸易发展的基本力量。在传统贸易时代，即贸易网络初步搭建的时期，这种偏好促成了人类历史上最早的交易网络之一，开启了全球化的序幕。

金色夕阳下，结队的骆驼背着一匹匹如流动溪水的丝绸，走过漫漫黄沙。这是否是你对丝绸之路的经典印象？然而，需要纠正的是，起源于汉代的"丝绸之路"运输的主要是黄金，而非丝绸，对经济学有些许研究的人会知道这个主要原因是

黄金具有优良的货币属性。这一条大名鼎鼎的路连接了古代中国、印度、波斯、阿拉伯乃至罗马帝国。于是,在13世纪末,一名威尼斯商人——马可·波罗沿着丝绸之路深入中国,开启了他的东方之旅,并将他的所见所闻编撰成《马可·波罗游记》。书中对中国的繁荣城市、先进的制造技术、丰富的商品,以及中国与其他国家的贸易情况进行了详细描述。这本书在欧洲引起了轰动,极大地激发了欧洲人对东方贸易的兴趣。受到如《马可·波罗游记》这样的著作启发,加之15世纪的欧洲社会正处于向现代化过渡的关键时期,对亚洲的香料、丝绸和其他珍贵商品的需求空前巨大。哥伦布怀揣着找到前往亚洲更快捷路线的梦想,于1492年踏上了寻找新航路的旅程,最终发现了新大陆,为欧洲带来了财富。这一发现不仅是地理上的巨大突破,更标志着早期贸易网络向全球拓展的新篇章。葡萄牙人也不甘落后,凭着冒险精神、对财富的渴望,葡萄牙探险家达·伽马在1498年成功绕过好望角,抵达了印度,开辟了一条直接到达亚洲香料产地的海上新路线。这一时期,欧洲与亚洲、非洲、美洲的贸易联系日益密切,新发现的土地上的黄金、白银、烟草和玉米等商品被引入全球贸易体系,促进了全球经济的一体化。

在探索古老而又神秘的世界地图时,我们发现,是欧洲的殖民活动揭开了全球贸易新篇章的序幕。当船只驶向未知的海岸,它们不仅带回了令人惊叹的故事,还带回了丰富多彩的商品和资源。来自美洲的金银堆积如山,印度香料的浓郁香气弥漫,亚洲的丝绸织就华丽,茶叶煮泡清香,它们如同远方传来的风,吹拂着欧洲大地,让这里的市场变得生机勃勃。

探险家哥伦布和达·伽马的航海,以及一众探险家开启了一段历史,这段历史不仅涉及地理的发现,还促进了贸易和文化的交流扩张。以英国为代表的欧洲国家不仅是经济活动的参与者,更是跨越大洋的贸易网络的编织者。通过这样的贸易网络,商品、资本、人员和技术得以在全球范围内流动,加深了地区间的相互依赖和联系。这种全球性的互联互通也为工业革命的发展提供了条件,欧洲得以利用殖民地提供的廉价原材料和广阔的市场,从而推动了欧洲的工业化进程。

➡➡ 三次工业革命——技术缩短贸易周期

工业 1.0 时代以蒸汽机为标志,是机械制造的时代。18 世纪的英国,充斥着蒸汽机的轰鸣声,象征着生产力的巨大飞跃。在工业革命的心脏地带,英国的詹姆斯·瓦特改良了蒸汽机成为一个转折点。蒸汽机不仅极大提升了工厂的生产率,而且使得大规模生产成为可能。传统纺织业常为家庭分工,孩子洗羊毛,然后梳理羊毛,女人使用手动纺车纺纱,男人使用手动织布机织布;工业革命期间,詹姆斯·哈格里夫斯的珍妮纺纱机、理查德·阿克莱特的水力纺纱机等纺织工具被发明后,工人的存在只是为了确保梳理机、纺纱机和织布机永不停止。机械化实现了产量和质量的双重飞跃,成本的大幅下降让英国纺织品在国际市场上占据了领先地位。

蒸汽机的影响远不止于此,它彻底改变了人们的出行方式和货物的运输方式。火车呼啸着穿过家乡村庄的景象是许多人对工业革命深刻且难忘的印象。火车最初被应用于矿山的短程轨道上。1825 年,世界上第一条现代意义的铁路在英国的斯托克顿和达灵顿之间开通。1830 年,世界第一条城际

客运线路开通。英国的乔治·史蒂芬森设计的"火箭"火车头牵引着列车往返于英国的利物浦和曼彻斯特之间,这条线路的成功运营使铁路风靡全球。火车的出现还彻底改变了货物的运输方式,一列火车的运载量是运河船的20倍,运输速度较之以往则快了8倍。因此,商品和原材料的运输成本大大降低。1848年,乘客乘坐火车从英国伦敦到格拉斯哥仅需12小时,而乘坐公共马车则要花费数天时间。1870年,英国铁路总长度已经达到24 000千米,人与人之间的联系比以往更紧密,即使是不那么富裕的人也能负担得起便宜的短途旅行,海滨度假村因此蓬勃发展。

工业2.0时代自19世纪后期开始,是电气化和自动化的时代,是一个以技术创新和产业变革为核心的时期,极大地影响了全球的经济结构和贸易模式。这一时期的主要特征包括:电力的广泛应用、内燃机的发明及新的制造技术和管理方法的出现,它们共同推动了生产率的显著提升和贸易周期的缩短。电力的普及使得工厂能够摆脱对蒸汽机的依赖,实现更为灵活和高效的生产方式。电动机的引入,尤其是在纺织、钢铁和化工等行业,提高了生产速度和控制了产品质量,使得商品可以更快速地进入市场。

你是否常听老一辈的人回忆旧时光,提到当初"楼上楼下,电灯电话"即美好生活的经典憧憬?下半句中的"电灯电话"即工业2.0时代的代表性发明。除此之外,电力的应用还包括电焊、电钻、电车等,对于加快信息传递、优化供应链管理和加速贸易决策具有重要意义。以前,一个跨大西洋的贸易决策可能需要数周乃至数月的时间才能完成。消息要靠帆船慢吞吞的传递,经常是交易机会一来,好时机早就过去了。然而,随着电报和电话的出现,这些都改变了。消息和货物的传递时间被大幅缩短,商人可以更快地做出反应,把握住宝贵的国际市场的机会。

内燃机的发明则革命性地改变了交通运输行业。汽车和飞机的出现极大提高了货物和人员的移动速度,从而缩短了商品从生产者到消费者手中的流通时间。需要注意的是,这一时期国际贸易领域出现了一项重要发明,即集装箱。可别小看这平平无奇的矩形箱子,集装箱的发明和普及可是标志着国际贸易中货物组织方式的重大变革。它能够使得不同的运输模式——海运、铁路和公路运输无缝对接,让"颗粒度"从根本上对齐,极大降低了物流成本,缩短了运输时间。

此时期还见证了制造技术和管理方法的重大进步。例如,汽车行业引入的流水线生产方式大幅提高了生产率,并将这一模式推广至其他产业,降低了商品的生产成本并提高了市场供应速度。科学管理方法的提出,如泰勒制,优化了工厂的劳动组织和生产流程,进一步提高了生产率。

如果有一天你醒来,发现世界上所有的电子设备都消失了——没有手机,没有电脑,连网络都没有了,听起来像是不可思议的情节对吧?这就能让你感受到工业3.0时代,也就是我们常说的数字革命,对我们生活产生的巨大影响。这一时期的核心成果包括:计算机技术的广泛应用、互联网的兴起和普及,以及数字化生产技术的发展,如自动化和3D打印技术。

工业3.0时代起步于20世纪60年代,它的标志是信息技术的飞速发展,这一变化不仅仅是技术层面的,它还改变了我们生产、生活的方式,以及全球贸易的流程。从最基本的算盘,到早期的机械计算机,再到现代的电子计算机和互联网,计算技术的进步对人类社会的影响是巨大的。

第一,我们看到了电脑技术的普及。开始时,电脑体积庞大、价格昂贵,只有少数机构能够使用。但科技的进步使得电脑越来越小巧、价格亲民,大多数家庭和办公室能够配备电脑。这使得信息的处理、存储和检索变得更容易。第二,互联网的出现和普及,更是将这场革命推向了高潮。最初,互联网被设计为一个军事和科研机构之间的通信工具,但很快它的潜力被商界认识到,并迅速扩展到普通消费者之间。这不仅仅使得信息能够瞬间传遍全球,还催生了全新的商业模式,如电子商务、远程工作等。电脑和互联网的普及还带来了数字化生产技术的发展,这些技术让生产过程更加高效、灵活,大大缩短了产品从设计到生产的时间,同时降低了生产成本。

在国际贸易领域,这场革命同样产生了深远影响。随着高科技产品,如半导体、集成电路等成为国际贸易的重要组成部分,掌握这些核心技术的国家和企业在全球市场中占据了优势地位。同时,数字技术的应用使得商品和服务的流通更为便捷,贸易周期缩短,市场反应速度加快。计算机的广泛应用,加上后来移动设备的普及,极大地促进了信息的流动和交换,提升了供应链管理的效率,缩短了产品设计、生产、物流和销售等环节的时间,从而加快了贸易周期。

▶▶ 数字贸易时代——逐步实现贸易全流程数字化

第四次工业革命,又称为工业4.0时代,是当前全球经济、社会和技术快速发展的新阶段,其核心在于通过互联网、大数据、人工智能、物联网、区块链等先进技术的融合应用,实现生产方式的智能化、数字化和网络化。当这些技术与数字贸易结合时,将极大地改变全球贸易的格局和运作方式。在数字贸易时代的浪潮中,我们正见证着一个革命性的变化——贸易全流程数字化。

➡➡ 贸易调研——外贸大数据的力量

外贸大数据是由全世界的海关记录、贸易数据、展会信息,以及互联网上公开的买家和卖家信息等拼凑而成的。但是,这些数据本身就像是一堆散乱的拼图,需要通过特殊的方法来清理、搜索、挖掘,最后把它们变得既美观又实用——也就是所谓的数据可视化。想象一家企业在几分钟便可了解到全球市场的动态,这正是外贸大数据带来的革命。

外贸大数据就像企业决策人员的超级侦探望远镜,让他们能看得更远、更清楚。

对于那些想要在全球市场上开疆拓土的公司来说,外贸大数据可以帮助他们像侦探一样深入分析新的地区。它们可以通过大数据了解这个新市场的竞争环境,比如谁是大玩家、他们的产品价格是多少,以及买家都喜欢什么。这样,公司就能决定这个新市场是否适合他们的产品或服务。

就服装行业来说,使用外贸大数据就像是拥有一个时尚

趋势的预测仪。品牌可以实时监测他们的营销手段是否有效,例如,通过哪些渠道吸引了顾客、消费者对新产品的兴趣如何,还有预订的情况,等等。这让品牌能够快速调整他们的营销策略,提高效果,并且还能预测哪些产品会是下一个流行趋势,哪些产品会有热度,给产品设计和制造带来启发。

对于外贸销售人员而言,外贸大数据就像是他们的私人助手,帮助他们理解并应对一些客户突然"不买账"的情况。通过外贸大数据,销售人员能够追踪到这些客户转而购买哪家公司的产品、价格是多少,以及自家产品相比竞争对手的强项和弱点。这样,他们就能找出为什么会失去客户,并制定出策略,判断是否还能重新吸引这些客户回头。这种数据驱动的方法为外贸企业提供了更科学、精准的决策支持,增加了在复杂多变的国际市场中成功的机会。

➡➡ 贸易服务——数字化通关与数字化物流

在我们的日常生活中,你可能听说过"数字化"这个词——比如数字化支付、数字化教育等。那么,"数字化通关"是什么意思呢?简单来说,就是利用现代科技手段,比如互联网、大数据、人工智能等,来使货物和人员在国家之间的出入境过程更加快捷、高效和安全。想象一下,你和家人准备去国外旅游。在过去,这意味着你需要带上护照、签证,还可能要填写一堆纸质表格,而且要在边境排长队等待检查。但在数字化通关的帮助下,很多过程都可以在线上完成了。你可以提前在网上填写电子表格,甚至通过手机应用程序上传必要的文件和信息。到了边境,通过人脸识别或指纹识别技术,你就能迅速通过检查,整个过程既便捷又安全。

数字化通关是大势所趋，它基于大数据、云计算和人工智能等技术，融入一键导入数据、自动识别制单、报关单一键生成舱单、自动生成随附单据、智能校对单据、实时查询通关状态等功能，推进线上流程整合优化。数字化通关可集中解决通关操作复杂烦琐、信息不对称、流程多变、数据录入差错率高的难题；可打通信息流，实现一站式在线通关及多口岸协同操作，从而在通关场景中构建更加智慧、便捷、高效的运行模式，让通关变得简单而迅速。

关于数字化物流，也许大家并不陌生。数字化物流是指在数字技术的支持下，对物流所涉及的对象和行为进行数字化的管理和描述，通过搭建相应的数字化线上、线下一体化管控平台，将相关参与方逐一链接，实现货物在物流节点的实时追踪与调控，使整个物流过程精准、及时和高效，从而达到为人们提供更加方便且快捷的物流服务的目的。比如，你在网上买了一个礼物给远在另一个地方的朋友。从你完成付款的那一刻起，数字化物流就开始发挥作用了。系统会自动选择仓库中位置近、配送时间快的商品。并且，通过优化的路线规划，选择合适的运输方式和路径将礼物送达你朋友的手中。整个过程，你都可以通过手机应用实时追踪礼物的位置和预计到达时间。这一切都离不开数字化物流的支持。

随着无人仓、无人机、无人港与物流机器人等智能物流技术的广泛应用，数字化物流已成为推动数字贸易快速发展的关键力量。中国产业研究院《2024—2029年中国智慧物流行业深度调研与未来趋势预测报告》显示，随着物流业与互联网融合的进一步深化，预计2025年我国智慧物流市场规模将超

过 10 000 亿元。许多领先企业通过数字化端到端的一体化供应链物流系统,极大提高了商品周转率,展示了数字化物流如何为数字贸易提供强劲动力。

▶▶ 数字贸易的境界——市场更加开放包容

一场革命正在悄然发生,它不仅改变了世界的交易方式,还拉近了地球各个角落的距离。这就是数字贸易——现代社会的精彩产物,它凭借着数字化和互联网技术的力量,正迅速成为全球经济生活的新常态。随着这些技术的突飞猛进,我们看到一个全新的贸易形态正在崛起,它让我们有机会通过网络平台参与跨越国界的贸易活动。它不只是让传统的贸易方式发生变化,更重要的是,它正在重新定义我们对全球市场的认识。现在的我们,不用走出家门,就能探索世界的奇珍异宝,发掘那些曾被认为遥不可及的商业机会。更为关键的是,数字贸易让全球经济的未来充满了无限可能,它使得市场边界变得模糊,为经济发展注入了新的活力。

➡➡ 数字无限——数字技术带来贸易无限可能

从大型计算机、个人计算机到互联网、移动互联网,再到大数据、云计算,数字技术的持续发展扭转了大工业时代的航道,掀起了人类文明史上新一轮变革,重塑了工业文明时期的产业形态,也影响了贸易的方式和效率。

在 20 世纪 60 年代之前,常常可以看到办公室里堆满了高高的文件,从订单到发票再到运输单据,交易文档需要通过手动处理。忙碌的职员穿梭于文件柜和办公桌之间,笔尖快速滑过纸张,时不时地为一些难以辨认的手写文字皱眉。在这种烦琐的过程中,错误和遗漏频发,常常导致项目延误和额外成本产生。

在这种背景下,电子数据交换(electronic data interchange,EDI)技术的出现就像是提高业务效率的一缕曙光。这种革命性的技术像打开了一扇通向新世界的大门,它让企业可以通过电子方式迅速、精确地交换文档。随着文件堆积如山的办公桌逐渐被整洁的电脑屏幕所取代,文件处理的速度和准确性得到了极大提升。

福特汽车公司是 EDI 技术的早期采用者之一。通过 EDI 技术,福特实现了供应链管理的自动化,从订单到发票,再到运输单据,文档的电子数据交换大大提高了生产率和精确度。在福特的工厂里,不再需要人工逐一核对纸质文档,而是由系统自动处理,确保了信息的快速流转和准确无误。虽然 EDI 的高成本和复杂性最初限制了其被广泛应用,主要是大型企业才能承担,但它无疑为数字贸易的未来铺平了道路。

20 世纪 90 年代,互联网像春雨一样滋润着世界的每个角落,新兴的电子商务开始在屏幕的闪烁光芒中崭露头角,繁荣的电商景象如雨后春笋般迅速涌现,颠覆了消费者的购物习惯和企业的运营方式。街角的商店和市场逐渐变得不那么繁忙,人们开始在家中点击鼠标选购心仪商品,享受购物的乐趣。

21 世纪,移动互联网悄然崛起,将互联网的触角伸向更广阔的空间。城市的咖啡馆、郊区的公园,甚至远离尘嚣的乡村小道上,都能见到低头操作智能手机的人的身影。在线交

易不再受时间和地点的限制,成为日常生活的新常态。移动支付方式如同打开了一扇便利之门,使得从街边小贩到大型超市,每一笔交易都轻松便捷,大幅提升了我们的消费体验。

此外,云计算的兴起也为企业带来了变革。在这个数字化加速的时代,企业不再依赖于笨重的本地服务器。数据中心遍布世界,如同星空中璀璨的星星,使得数据存储和应用运行更加灵活、高效。这一技术的推广,促进了全球的协作与贸易,让地理和物理的界限变得模糊。

回顾2008年,移动互联网兴起的第二年,全球金融危机爆发,国际贸易进入了漫长的调整期。这期间,企业面临的形势复杂多变,不确定性似乎成了唯一的确定性。然而,正是在这样的背景下,外贸企业的转型和升级开始掀起一股强劲的浪潮,孵化出更多的竞争优势。

目前,我们正站在一个由大数据和人工智能主导的新时代的门槛上。人工智能技术,尤其是机器学习和自然语言处理,正像精密的齿轮一样,精确无误地运转,通过预测市场需求和优化物流流程,确保供应链管理的每一个环节都无懈可击。同时,区块链技术为跨境交易带来了前所未有的安全性和透明度。从确保产品的来源可追踪到支付过程的防篡改,区块链技术正在为全球贸易构建一个坚不可摧的信任网络。

这些前沿技术不仅重塑了商业的未来景观,也重新绘制了全球贸易的蓝图。随着这些创新技术的不断融合,全球市场正变得越来越开放和包容。我们的日常生活和工作方式也正在经历前所未有的快速变革。数字技术充当着推动贸易发展的强大动力源,它们在不断地与各行各业融合,创造出更大的商业价值。数字技术的发展让整个外贸行业也逐渐形成了一种浓厚的数字化转型氛围,基于这些技术的跨境电商更是迅速崛起,展示了无限的发展潜力和商机。在整个电商业内,2014年通常被视为跨境电商元年。经过前期积累,跨境电商在这一年迎来了快速增长期。大量传统外贸工厂、企业、本土品牌商等蓄势进入该领域,将跨境电商"蓝海"染成了"红海"。此后,跨境电商在一次次外部冲击中,为稳外贸基本盘立下了汗马功劳。作为贸易数字化的一个成熟分支,它在中国外贸中的分量也在持续加码。2023年,随着社交购物一体化软件的成功"出海",跨境电商又卷起一波浪潮。

如今,数字技术的潮流不断向前,推动全球贸易勇攀高峰。技术的每一次进步都不是孤立的,每一次创新都在为下一个更大的变革铺路。在数字技术的滋养下,中国对外贸易这棵大树正长出新的枝叶,焕发出新的生机。未来,数字技术将继续为贸易带来无限的可能性,开辟出一条条新的发展道路。这不仅是一个关于技术的故事,更是一个关于机遇、创新和未来的故事。

➡➡ 贸易无界——网络平台吸引全球参与

熙熙攘攘的实体市场里摊位林立,人们挤在狭窄的通道中,商家的叫卖声此起彼伏,空气中弥漫着混合的气味——既有新鲜水果的清新,又有芬芳香料的浓郁。交易会则是另一番景象,会场内灯光闪烁,参展商在装饰华丽的展位前展示他们的新产品,顾客络绎不绝,兴奋的谈话声和交易的喧嚣声充斥着整个会场。忙碌的批发中心也不甘示弱,那里的仓库和装卸区总是忙个不停。重型卡车来来往往,装载着箱箱货物

准备发往世界各地。而在办公室里充斥着紧张且正式的气氛,每个人都专注于达成下一笔交易,老式的电话和传真机也是响个不停。

这些传统交易方式虽然有效,但受到了时间和空间的极大限制。买家和卖家必须身处同一地点,或通过有限的技术手段沟通,这些限制在很大程度上影响了交易的灵活性和效率。每一次会面、每一通电话、每一次传真都是为了缩短人与人之间的距离,尽管如此,它们仍旧被束缚在物理和地理的界限之内,特别是对于那些志在拓展市场边界的企业而言,要接触到更远地区的市场和客户,难度倍增。而且,参加国际贸易展或在批发中心设立展位,往往需要支付高额的费用,包括展位费、物流费、差旅费等,对于中小企业来说,这样的成本压力往往难以承受。

回到20世纪90年代中后期,那时候互联网还是一个新鲜事物,好像打开了一个神秘的盒子,里面充满了未知的可能。许多网络平台陆续出现,它们像是虚拟的商店,你可以坐在家里通过电脑屏幕翻看在线目录,简单几步就能买到你想要的东西。这种新奇的购物方式迅速吸引了许多人好奇的目光,为我们打开了通向全球购物的大门。

随着时间的推进,进入21世纪,互联网已经遍布全球,成为我们生活中不可或缺的一部分。随之而来的是人们需求的变化,大家不仅满足于网上浏览,还希望能有更多的选择和更好的服务。这时,许多大型电商平台应运而生,它们提供从书籍到电子产品,从服装到食品几乎无所不包的商品,让购物变得丰富多彩。

到了 2010 年左右，随着智能手机和社交媒体的流行，购物方式再次发生了变化。许多聊天软件不仅是聊天的地方，还变成了可以购物的市场。在跟朋友聊天的同时，可以收到他推荐的酷炫新鞋或是可口美食，点击几下，这些东西就能从屏幕变为现实，直接送到你的手上。这种便捷让全球的购物者都感到兴奋不已。

最近几年，随着大数据和人工智能的加入，网络购物的体验变得更加智能。当你搜索一个东西后，不久整个网页就会开始向你推荐相关的商品。这是因为背后的智能系统在学习你的喜好，帮你筛选出可能会喜欢的东西。同时，自动客服可以解答你的疑问，智能搜索帮你快速找到想要的商品，而商品价格也会根据市场动态进行调整，确保你能抓住好的购买时机。这些变化，都是为了让我们的购物体验更上一层楼，同时帮助商家更精准地满足我们的需求。网络平台不仅仅是一个购物的地方，它还是一个连接全球、理解人们喜好的智能世界。

由此看来，网络平台的演进不仅极大地简化了购物流程，提升了购物便利性，打破了地理界线，促进了全球贸易的蓬勃发展，而且为经济的包容性增长开辟了新途径，降低了进入全球市场的门槛，让中小企业和个体创业者更易于参与数字贸易中，享受全球经济增长带来的红利。正是这种无界的商业环境，为全球化的贸易流动铺设了坚实的基础，同时揭示了网络平台在全球经济格局中所扮演的关键角色。

在这个基础上，网络平台对国家的影响十分深远，特别是在中国，对网络平台的利用已成为全球化价值链中的一个亮

点。中国企业借助网络平台，尤其是在跨境电商领域的积极布局，使得中国制造的产品能够轻松地出口到世界各地，同时降低了传统外贸的时间和沟通成本，提高了贸易的效率。此外，东南亚国家如印度尼西亚、马来西亚和越南，见证了电子商务的快速增长。印度是全球信息技术外包服务的重要提供者，通过网络平台，印度的IT公司为全球客户提供软件开发、客户咨询和技术支持等服务，展示了服务贸易的数字化和全球化。随着社交媒体和电子商务平台的发展，印度的商家也开始利用直播将商品销售到全球市场，通过数字方式直接与消费者互动。网络平台的潜力是巨大的，许多国家和地区或主动或被动地参与进来，成为数字贸易中的一部分。

试想一下，你的一天是这样开始的：早晨，在厨房的小桌上，享受着一杯香浓的意大利咖啡，那是你之前在网上订购后直接从罗马"飞"来的。到了下午，换成了一壶温暖的中国龙井茶，那清新的味道仿佛带你游览了杭州的茶园。当夜幕低垂，你打开一瓶法国红酒，那是从波尔多的葡萄园跨海而来的，为你的晚餐添上一抹浪漫的色彩。这听起来像是奇迹，但在今天的数字化时代，已是日常，贸易的界限已经被重新定义。网络平台利用互联网、大数据和人工智能等现代技术，把世界各地的产品带到你的家门口。这些技术不仅消除了地理上的限制，还极大提升了经济活动的效率，使得世界变得更加紧密和互联。通过这些智能平台，全球贸易已经实现了无界化，不管是企业还是个人，都能在这个巨大的虚拟市场中找到自己的一席之地。这种全新的贸易方式为经济增长和包容性发展注入了新的活力和动力，让每个角落的潜力得以释放，每个人的生活更加丰富多彩。

▶▶ 数字贸易的使命——促进全球经济繁荣发展

在你通过网络平台购买衣服或预订机票的那一刻,你已经潜入了数字贸易的浩瀚海洋。这种全新的贸易方式,孕育于数字技术与网络平台的融合。这不仅是一场商业模式上的大革新,更是推动全球经济一体化与进步的重要引擎。数字贸易承担着重要的使命:它不仅建立了通往世界各地商家与消费者之间的桥梁,优化了全球资源的配置,还为经济发展与社会进步铺设了新道路,创造了增值的机会。这种全球化的连接为我们带来了前所未有的便捷,也为企业探索新市场创造了无限的可能性。

在这个快速演变的数字时代里,贸易的品质和效率正日益依托于创新的数字技术。这一变革不仅呼唤我们对旧有的贸易模式进行一次彻底的革新,而且激励我们不断探索和发展新的商业形态。正是在这样的大背景下,"数字强贸"应运而生,提升了我国在全球贸易竞争中的实力。虽然中国在全球货物贸易舞台上竞争力正稳步提升,国际影响力也在逐渐扩大,但我们在外贸领域应用数字化技术的潜力未充分发挥,呈现出巨大的扩展空间。因此,深化数字贸易,借助技术革新激发贸易的新活力,已经成为我们的当务之急。

更加宏观地看,对外贸易不单是推动我国经济增长的关键动力,加速数字贸易的进程对于提升我们的外贸质量和效益同样至关重要。鉴于全球化进程的不断加深,中国数字贸易的蓬勃发展不仅对国内经济是一大利好,也对促进世界经济的繁荣起到了积极作用。通过整合和优化数字技术在贸易

中的应用,我们不仅有望增强国际竞争力,还能在全球经济的繁荣进程中扮演更为积极和建设性的角色。

➡➡ 实现资源全球范围优化配置

我们的世界就像一个巨大的果园,虽然果子丰盛,但并不是每个人都能轻松摘到想要的果实。资源在地球上是有限的,而人类的需求似乎永无止境。这就像是在果园里,每个人都想要甜的果子,但不是每个人都能够得到。这种状况导致了资源的稀缺和浪费,有些人拥有过多,而有些人可能一无所有。

幸运的是,数字贸易好像给我们带来了一把神奇的钥匙。通过网络和电脑,即使是小企业或者发展中国家的商家也可以加入全球贸易的大潮。这不仅让市场更加多样化,还为这些新加入的参与者打开了一扇通往机遇的大门。

更棒的是,数字贸易利用精细的数据分析帮助企业精确预测市场需求,这就像是给果园的果农一个超级工具,能告诉他们什么时候、什么地点需要更多的果子,从而减少浪费,确保每个人都能尽可能地得到自己需要的部分。同时,这种方式还满足了全球消费者多样化的需求。

不仅如此,数字贸易还加速了知识和技术的全球传播。不管是在线学习新的农艺技术,还是通过远程工作与世界各地的专家合作,这一切都让世界的联系变得更加紧密,就像一个大家庭,大家一起努力让果园更繁荣。

这种全球网络化的交易模式,不仅让资源配置更有效,也为全球经济的可持续发展开辟了新的道路。想一想,通过电子化交易和管理,我们减少了对纸张的需求,这意味着更少的树木被砍伐,我们的包裹使用的是环保的数字化物流,更快到达的同时减少了能源消耗和碳排放。数字贸易不只是商业的未来,它还是我们对地球环境的一份承诺,正在帮助我们以更环保的方式使用我们宝贵的资源。

随着技术的不断进步和更多环保政策的实施,数字贸易在全球资源优化配置中的作用越来越重要。我们正朝着一个更加公平、高效和绿色的未来迈进。

➡➡ 助力传统产业的数字化转型升级

在我们的经济基础之上,产业的轮廓正经历着不断地演化和提升,以适应市场的波动和消费者的期待。在这变革的潮流中,数字贸易如同一股不可抗拒的力量,推动着传统产业走向数字化的未来,从而重塑了我们对全球经济发展轨迹的理解。它携带创新的技术和新兴的商业模式进入多个领域,这不仅改革了产业的生产和管理方式,更是引领了全球经济向着更加高效、环保且智能化的方向迈进。

在制造业这个竞技场上,数字贸易已经成为领头羊。工厂中布满传感器的生产线,这些传感器不断收集数据,实时监控设备的运转状态。通过物联网的力量,生产过程可以自动调节,极大提高了效率和产品质量。这就是智能制造和工业4.0时代的魅力——生产线上的机器人精确无误地组装零件,几乎不需要人工干预。

而在零售业,变革同样激动人心。电子商务平台让购物变得无边界,虚拟试衣技术让你可以在家中试穿来自世界各

地的服装。这些技术不仅为消费者打开了一扇通往新购物体验的大门,也为商家挖通了新销售领域的隧道。在国际贸易的广阔舞台上,从传统的客户拓展方法到现今大数据和数字平台的利用,标志着一个时代的变迁。虽然中国在这场数字化转型的征程中仍处于探索阶段,但大数据和电商的蓬勃发展已经初显成效,展示着数字贸易在推动行业转型升级中潜藏的巨大能量。

总的来说,数字贸易不仅让传统产业变得更加智慧和高效,还促进了产品与服务的全面升级,以及商业模式和价值链的创新。这一系列变革赋予了传统产业新的竞争力与活力,使其在转型升级的征途上更加顺畅。然而,尽管取得了显著进展,数字贸易在引导全球传统产业转型升级的道路上仍面临诸多挑战,需要持续的努力和创新才能充分发挥其潜力,推动全球经济实现高质量发展。

➡➡ 推动全球经济的普惠发展

世界是一张庞大的网络,每个节点都连接着不同的国家和地区。在这张网络上,数字贸易如同跳动的音符,它带着希望和机遇,触及网络的每一个角落,为人们带来经济的繁荣。

在这个新的全球经济纪元中,数字贸易扮演着一个非常重要的角色,它正在推动经济的普惠发展,这意味着不论是在城市还是乡村,人们都有机会通过全球贸易网络得到实实在在的好处。无论是一个小村庄的手工艺人,还是一个大城市的创业者,都能通过互联网将他们的产品和服务推向全球市场,享受到经济增长的红利,从而提高他们的生活水平。

在全球性问题的解决上,数字贸易同样展现出巨大的潜力。在环保领域,它支持了可持续发展项目,比如推动绿色能源和低碳产品的使用,这不仅帮助我们的地球减轻负担,还为应对全球气候变化做出了贡献。在公共卫生领域,通过实施高效的医疗资源分配,它确保了即使在贫困地区,人们也能获得医疗设备和药品,这极大地提升了全世界人民的健康水平和生活质量。

总之,数字贸易不仅是商业的未来,它还是构建一个更公平、更健康、更繁荣世界的关键力量。随着科技的不断进步和全球政策环境的改善,我们有理由相信,数字贸易将在未来扮演着更加重要的角色、推动全球经济向着可持续发展的方向前进,注入新的活力和生机。这不仅是一个关于经济的故事,更是一个关于希望、机遇和改变的故事。

➡➡ 重塑中国外贸新优势

随着数字贸易承载的使命日益增多,在国家层面,它的角色变得尤为关键。中国这艘巨大的航船,经过四十多年的风雨兼程,现在已经成为全球经济海洋中的一艘庞然大物:它是世界第二大经济体,顶尖的制造业中心,最大的货物贸易国之一,以及全球供应链的核心。更令人振奋的是,中国正迅速成为全球最大的消费市场。

这背后,得益于中国庞大的内需推动力、从依赖人才到依赖技术的转变、新兴产业的快速崛起,以及科技创新的加速发展。尤其在数字化时代,中国拥有全面的工业体系,提供了无比丰富的应用场景和数据资源,这为中国外贸的转型升级注入了新的动力,从"中国制造"向"中国创造"的跃迁,从量的扩

张到质的提升,从简单的产品出口到高质量产品和服务的输出。

那么,数字贸易是如何实现这些的呢?第一,数字技术的快速发展推动了外贸结构的优化,使得中国的出口从传统制造业向高技术和高附加值的产品和服务转变。第二,中国企业更容易进入国际市场,提升了中国产品和服务的全球影响力,扩大了国际市场份额。第三,借助先进的信息技术,数字贸易大幅提升了贸易的效率和便利性。电子支付、在线交易、智能物流等创新手段大幅减少了交易成本,让跨国买卖变得轻而易举。这不仅增强了中国企业的国际竞争力,尤其是在电子商务和移动支付领域的领先,也为外贸竞争力的提升注入了新活力。服务贸易的快速增长,尤其是数据处理、软件服务、云计算等服务的兴起,显示了中国在全球服务贸易中地位的提升,这正是外贸新优势的标志。第四,数字贸易加强了中国与世界其他国家和地区的经济合作和文化交流,促进了更多双边和多边贸易协议的签订,帮助中国更有效地融入全球价值链,深化了国际合作。

这些变革共同推动了中国外贸的全新优势,展现了数字时代下中国外贸的新面貌和新动力,预示着其更加光明的未来。

数字贸易是什么？
——在虚拟世界中实现真实交易

道通天地有形外，思入风云变态中。

——程颢

▶▶ 数字贸易的定义

通过阅读前文，我们便能洞悉数字贸易与数字化技术之间具有紧密联系。那么，究竟何为数字贸易？是否可以笼统地定义为利用数字化技术进行的贸易活动呢？答案并非如此简单。专业术语的定义需严谨精确，数字贸易的界定亦非一蹴而就。回溯至20世纪末，互联网技术如春风吹拂，在人们对在线交流及交易需求的推动下，一些线上拍卖会及购物平台应运而生。当时，数字贸易这一概念尚未被提出，更多采用的是电子商务来表述电子化的贸易活动，如图1所示。

1998年，世界贸易组织在第二届部长级会议上首次提出了"电子商务"这一概念，将其定义为利用电子方式生产、分销、营销或交付货物和服务的过程。进入21世纪，大数据、物

联网、云计算等数字化技术迅猛发展,新型贸易活动层出不穷,如数字音乐版权交易软件开发者借助云服务提供商的平台和工具开展工作等。这些电子化贸易活动异于传统电子商务,推动了数字贸易概念的形成。近年来,数字贸易在业界和学术界备受关注,但观点纷呈,尚未形成广泛共识。本部分将探寻经济合作与发展组织(OECD)、美国及中国对数字贸易的定义,揭开数字贸易的神秘面纱。

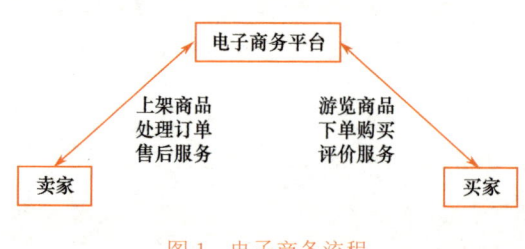

图 1 电子商务流程

➡➡ OECD 对数字贸易的定义——强调数字技术的支撑作用

互联网与数字化浪潮席卷全球,改变了人们的沟通、交易方式,数字贸易崭露头角,引起业界瞩目。然而,随着数字贸易的蓬勃发展,政策制定与数据统计面临巨大挑战,各国的数字贸易发展阶段千差万别,衡量标准尚未统一,数据收集与传播涉及的隐私问题亦缺乏法律约束。为了应对这些挑战,一些国际组织发布了相关倡议,携手推动数字贸易的健康发展。

2017 年,OECD 制定了数字贸易的维度,如图 2 所示,为数字贸易的界定提供了较为明确的指引。

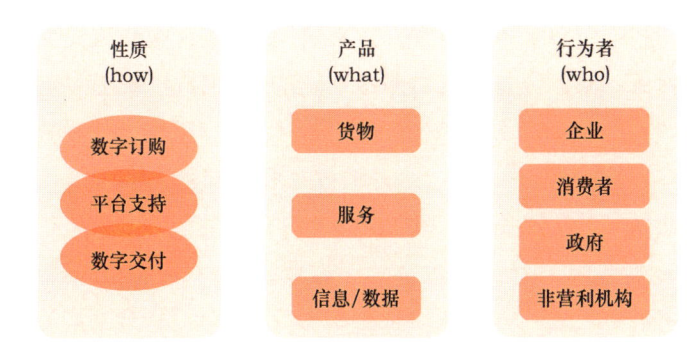

性质 (how)	产品 (what)	行为者 (who)
数字订购	货物	企业
平台支持	服务	消费者
数字交付	信息/数据	政府
		非营利机构

图 2　数字贸易的维度

2023 年，国际货币基金组织（IMF）、经济合作与发展组织（OECD）、联合国贸易和发展会议（UNCTAD）、世界贸易组织（WTO）共同发布了《数字贸易测度手册》（第二版），提出了数字贸易的明确定义，即"所有以数字方式订购或数字方式交付的国际贸易"。简而言之，它就是我们常说的国际电子商务。值得注意的是，这种贸易方式主要是指服务贸易，如在线游戏、音乐、流媒体视频及远程学习平台等。

从"数字订购"和"数字交付"这两个关键词可以看出，OECD 对数字贸易的定义凸显了数字技术的核心地位，采用数字化技术支持或利用数字化技术本身所产生的国际贸易均属于数字贸易范畴。由此衍生出的数字贸易衡量标准推动了相关政策制定与数据统计工作。

➡➡ **中国对数字贸易的定义——为两个数字化指明发展方向**

自数字贸易的概念被提出以来，国内学者便迅速参照国际组织给出的定义，对其展开了深入的学术研究。

我国对数字贸易的官方定义，首次出现在中华人民共和国商务部服务贸易和商贸服务业司的《中国数字贸易发展报告（2019年）》中，强调数字贸易不同于电子商务，它利用数字技术进行研发、设计、生产，并通过互联网和现代信息技术手段交付产品和服务，是以数字服务为核心、数字交付为特征的贸易新形态。而《中国数字贸易发展报告（2020年）》则根据数字贸易的交付标的，将其细分为数字技术贸易、数字产品贸易、数字服务贸易和数据贸易四大领域，涵盖了从软件、通信到数据跨境流动等多个方面。

此外，中国信息通信研究院（以下简称信通院）在《数字贸易发展与影响白皮书（2019年）》中指出，数字贸易是信息通信技术发挥重要作用的贸易形式，它不仅包括线上宣传、交易、结算等基于信息通信技术促成的实物商品贸易，还包括通过信息通信网络传输的数字服务贸易，如数据、数字产品、数字化服务等。而在《数字贸易发展白皮书（2020年）》中，信通院对数字贸易的定义进行了进一步的调整，指出数字贸易是数字技术发挥重要作用的贸易形式，其与传统贸易最大的区别在于贸易方式数字化和贸易对象数字化，如图3所示。这两个数字化阐明了数字贸易的本质，为中国数字贸易的发展指明了方向。

图3 数字贸易本质

▶▶ 数字贸易的构成

在数字技术出现之前,传统贸易以加工贸易、补偿贸易、易货贸易等交易方式为主导。这些交易方式通常发生在买方、卖方或特定的交易市场中,涉及众多的中间环节,不仅流程烦琐,而且交易成本和费用相对较高。买卖双方需要投入大量的时间和精力来处理文件、协商条款、完成交易,这在很大程度上限制了贸易的效率和规模。随着互联网、电子商务和其他数字技术的快速发展,线上交易方式逐渐崭露头角,不仅弥补了传统交易方式的不足,而且带来了革命性的变革。买卖双方可以更加方便地进行信息沟通、协商和交易,无论是地理位置还是交易时间,都变得更加灵活和便捷。此外,数字技术的发展也催生了众多新兴的交易对象,如在线音乐、视频等数字产品。这些数字产品具有高度的复制性和传播性,通过数字技术可以轻松地实现全球范围内的交易和分发。这不仅丰富了贸易的内容,也为消费者提供了更加多样化的选择。

因此,在具有中国实践特色的数字贸易概念中,数字贸易被总结为贸易方式数字化和贸易对象数字化两个方面。依托数字技术,传统贸易方式得以数字化升级,不仅提高了交易效率,也降低了交易风险。同时,贸易内容也实现了数字化拓展,从传统的实物商品拓展到数字产品、服务等领域。

➡➡ 贸易方式数字化——传统贸易升级换代

贸易方式数字化,是指数字技术与国际贸易流程多个环节的深度融合,这种融合催生了数字对接、数字订购、数字交付、数字结算等全新交易模式,进而大幅提升了贸易效率,并

显著降低了贸易成本。在这一变革过程中，传统交易的许多环节都经历了翻天覆地的变化。以往依赖传统媒体的广告宣传，如今已升级为线上广告营销，不仅传播速度更快，而且能够精准触达目标客户。在交易过程中，买卖双方不再受地域限制，可以在电商平台进行实时沟通，快速达成交易意向。传统的支付方式也被电子支付所取代，实现了资金的快速、安全流转。此外，数字海关的引入极大降低了商品跨国界运输的成本，减少了烦琐的纸质手续，加快了通关速度。而智慧物流技术的应用，更是大幅提高了商品运输效率，减少了运输过程中的损耗和延误。可以说，贸易方式数字化是一场深刻的变革，它不仅改变了传统贸易的面貌，也为全球贸易的发展注入了新的活力。

❖❖ 线上广告

线上广告是一种运用互联网平台和技术，通过多元化的广告形式向广大互联网用户传递商品、服务或品牌信息的营销策略。它不仅包括了搜索引擎广告、社交媒体广告、电子邮件广告等多种类型，而且在不断地发展和创新，如短视频广告、直播广告等新兴形式也逐渐崭露头角。未来，随着技术的不断创新和市场的不断变化，线上广告将会呈现出更加多样化、个性化和精准化的特点，为我们带来更加丰富的视觉体验和商业价值。

❖❖ 电商平台

随着互联网等技术的发展，电商平台的出现改变了商业模式和人们的购物方式。在电商平台起步阶段，以 B2B（Business-to-Business）模式为主，即企业与企业之间通过互联网进行产品、服务及信息的交换。进入21世纪，移动信息技术的普及推动了电商平台从个人计算机端向移动端转移，B2C(Business-to-Consumer)模式迅速发展，商家通过电子商务平台向消费者提供商品和服务，完成整个购买和支付过程。

总之，电商平台作为一种新型的商业模式，整合了资源和服务，为消费者和商家提供了一个高效、便捷的交易平台，推动了传统贸易的升级换代，为全球商业活动带来了变革。

✥ 电子支付

现金，曾是人们生活中不可或缺的支付工具，如今在年轻人的视野中逐渐淡化，取而代之的是电子支付方式。这种转变并非简单的支付手段革新，而是科技进步与时代变迁的深刻反映。电子支付的普及不仅简化了交易流程，提高了支付效率，更在潜移默化中重塑了人们的消费习惯和生活方式。借助电子支付，人们能轻松完成支付操作，不必再携带现金或银行卡，极大提升了支付的便捷性。此外，电子支付还为消费者提供了多样化的支付选择，满足了不同场景下的支付需求。总之，电子支付打破了地域和时间的限制，为消费者和商家提供了更便捷、高效的交易方式，让传统贸易焕发出新的活力，为全球经济注入了新的动力。

✥ 数字海关

在传统贸易模式中，海关的进、出口监管工作主要依赖于烦琐的人工操作和纸质文件处理，这种模式不仅效率低，而且处理能力有限，难以应对日益增长的贸易需求。然而，随着数字技术的崛起，数字海关应运而生。它巧妙运用大数据、人工智能等前沿科技，将传统的海关监管工作数字化转型，极大地

提升了工作效率和精确度。"互联网＋海关"则是我国海关部门与时俱进、开拓创新的服务模式。它巧妙地将海关的业务和服务与互联网技术相结合,构建了一个全面覆盖、高效便捷的网络平台。通过这个平台,用户可以轻松利用电脑或手机随时随地办理海关业务,享受到"单点登录、全网通办"的无缝衔接体验,进一步提升了业务的办理效率和满意度。

❖❖ 智慧物流

智慧物流是以物流互联网和物流大数据为依托,通过协同共享创新模式与人工智能先进技术,对产业分工进行重塑,对产业结构进行再造,对产业发展方式进行深刻转变的新生态。智慧物流企业不仅建立了一系列尖端的无人仓库,更是通过智能设备与系统的无缝连接,实现了商品入库存储、搬运、分拣等全流程的自动化操作。这种智能化的管理模式,不仅极大地提高了物流效率,同时降低了人工成本,让物流服务更加高效、精准。

在这场数字化浪潮中,贸易方式得到了革新,为全球经济带来了巨大机遇。数字技术的应用不仅提升了贸易效率,降低了成本,还提高了贸易的透明度和公平性。线上广告、电商平台、电子支付、数字海关和智慧物流等创新手段,共同构建了一个高效、便捷、透明的全球贸易体系。展望未来,随着数字技术的不断发展和创新应用,贸易方式的数字化将进一步加强,推动全球贸易向更高水平迈进。

➡➡ 贸易对象数字化——传统商品焕发新生

贸易对象数字化是指数据和以数据形式存在的产品和服

务贸易，它涵盖了多个层面：第一是基础数据；第二是数字产品，如图书、影音、软件等以数字形式存在的商品；第三，它还包括了通过线上提供的数字服务，如教育、医疗、社交媒体、云计算和人工智能等。贸易对象数字化的实现离不开数字技术的支持。通过物联网、大数据、人工智能等技术的应用，传统商品被赋予了更多的数字化元素。这些数字化元素不仅使商品更加智能化、个性化，还为消费者提供了更加便捷、高效的购物体验。

随着科技的飞速发展和互联网的普及，数字产品已成为我们日常生活中不可或缺的一部分。数字产品是指基于数字技术，以电子形式存在和使用的产品，包括但不限于电子书、音乐、电影、游戏、软件等。与传统产品相比，数字产品具有诸多优势。首先，数字产品具有高度的便携性，他们不受物理形态的限制，方便用户随时随地使用。其次，数字产品具有更加丰富多样的内容选择，满足个性化的需求。最后，数字产品还具有更新迭代快、交互性强等特点，为用户带来更加便捷、高效的使用体验。随着5G、人工智能等技术的不断发展，数字产品将更加智能化、个性化，为我们的生活和工作带来更多的便利。

数字服务，以互联网为载体，已经深入到人们生活的方方面面。慕课、学习通等在线教育平台打破了传统教育的地域和时间限制，使得优质教育资源得以广泛共享。无论是城市还是乡村，只要有网络，学生就能接触到丰富的学习资源，享受个性化的学习体验。远程医疗允许患者在家中就能接受医生的诊断和治疗建议，能够为患者带来更加便捷、高效和经济

的医疗服务体验。社交媒体的出现,改变了人们的社交方式,成为信息传播的重要渠道,为社会事件提供了广泛的讨论空间。云计算和人工智能作为数字服务的重要支撑,为许多领域提供了强大的技术支持。

贸易对象数字化带来的变革是显而易见的,它极大地推动了贸易效率的提升。数字化产品和服务不需要再通过烦琐的物流运输,降低了物流成本和时间成本。数字技术的深入应用,使得交易过程更加透明和可追溯,增强了交易的安全性,为买卖双方提供了更高的保障。对于消费者来说,数字化产品和服务无疑带来了更加便捷的消费体验,极大地丰富了消费选择,提升了生活品质。然而,贸易对象数字化的发展也伴随着一系列挑战。虚拟产品的交易规则尚不完善,版权保护成为一大难题,数据泄露造成的隐私问题也亟待解决。这些问题都需要政府和企业共同努力,加强监管,完善法规,推动数字贸易的健康发展。

▶▶ 数字贸易的特征

数字贸易的构成日益多元,不仅包括传统商品和服务的在线交易,还融合了数字化产品、数据流通等多层次元素,集中表现为贸易方式与对象的数字化。而在这多层次的贸易形式中,数字贸易所具有的特征也愈加凸显,如平台化、集约化、普惠化、个性化与全球化等,它塑造着全新的商业格局,为经济发展带来了更为灵活且互联互通的可能性。这一节将给大家介绍数字贸易的几大特征。

➡➡ 平台化——没有中间商赚差价

平台是双边市场、多边市场的产物,开放和服务最大化是其本质特点。传统贸易中,贸易的开展多是贸易各方之间单独进行的。在数字贸易中,互联网平台涉猎大数据分析、云计算、搜索引擎、共享服务、社交媒体及移动设备等,成为协调和配置资源的基本经济组织,不仅是汇聚各方数据的中枢,更是实现价值创造的核心。数字贸易下,越来越多地企业倾向于采用线上销售方式,绕过经销商及零售商等中间环节直接将产品与服务提供给最终消费者;同时,也使传统贸易中的沟通、信息搜寻难度大幅降低,极大提高了贸易效率,也让贸易变得更加安全。

以非洲卢旺达的支柱性产业——咖啡为例,在过去,贸易的发起主要在线下,贸易的主要参与者是企业,贸易的交付方式是集中的。而如今,卢旺达的农户可以通过中国的直播电商来对自己的产品进行推广。贸易的发起是在线上,中国的消费者通过平台和远在卢旺达的咖啡企业直接订立了合同。合同成立后,这些咖啡通过物流被分散地运输到了中国的各地。以上的这些,都和传统的贸易形成了鲜明的对比。

如今,平台化运营已经成为互联网企业的主要商业模式,通过互联网搭建自己的平台,可以有针对性地为客户提供专业化的产品,实现商品的集中展示和搜索,使消费者能够方便、快捷地找到自己需要的商品,为客户提供更为丰富的购物体验。另外,许多传统企业也致力于平台化以提升竞争力。在重工业领域引入互联网平台,通过不停分析数据采集点收集的工业大数据,可以为每一道工序,每一个机型,甚至每一

把刀具等匹配最优参数，优化工艺流程，从而实现从订单到交付的全流程数据驱动。而在食品零售领域，以线下门店为基础嫁接数字化系统，并基于电商平台、本地生活平台及社交电商等平台开展新型零售活动，也成为如今常见的销售方式。

➡➡ 集约化和普惠化——大家一起"拼单"更划算

✧ 集约化

集约化是数字贸易的显著特征之一，数字贸易能够通过数字技术降低市场交易过程中的信息不对称，依托数字技术实现劳动力、资本、技术等生产要素的集约化投入，促进研发设计、材料采购、产品生产、市场营销等环节的集约化管理，防止企业生产过程中由于资源配比不合理而造成的浪费。

电商平台提供了一个数字化的市场，连接了全球的卖家和买家，实现了大规模的集约化数字贸易。它们利用大数据分析来了解市场趋势、买家行为和产品需求，为卖家提供更好的市场洞察力，帮助他们做出明智的决策。一些服装企业也通过高度整合的方式管理生产过程，提高效率，降低成本，准确反映市场需求变化，实现了按需生产的集约化生产模式。而一些制酒企业专注现代化管理与供应链服务，通过多城市设立与科学储存提品质、降成本，同时通过全方位管理维护客户权益。

此外，卖家通过在互联网平台上提供详尽的商品信息和高质量照片，消除信息不对称，提高买家信任，促进快速的交易决策，这也是集约化的表现。类似地，在房屋租赁交易平台上，房东会提供房间的照片、设施、地理位置等详细的房源信息,这有助于潜在租客全面了解房源,减少对房屋状况的猜测,增加租客对房源的信任度,提高交易效率。在手工艺品交易平台上,卖家也通常会提供照片、材料、尺寸、制作工艺等丰富的商品信息,有助于买家更好地了解手工艺品的特色,促进快速的交易决策。

✦✦ 普惠化

在传统贸易处于弱势地位的群体,在数字贸易中能够积极地、有效地参与贸易中并且从中获利,这便是数字贸易的普惠化。数字技术的广泛应用大大降低了贸易门槛,中小企业、个体工商户和自然人都可以通过互联网平台面向全国乃至全世界的消费者。数字贸易的普惠化还体现在为中小企业和个体工商户提供有关国际贸易法规、支付系统、物流等方面的培训和支持,支持中小企业和个体工商户的融资需求,确保参与者的数据安全和隐私保护等。

如今的互联网平台为中小企业和个体工商户提供了一个低成本、低门槛的数字化经营渠道,企业和商户可以轻松接入平台,这就促进了全球范围内的交易。另外,消费者还可以通过社交分享和团购享受更低价格的购物体验,这也体现了平台普惠化的优势特点。国内、外平台也积极提供数字培训,助力商户更好地适应数字贸易环境,还通过扶贫计划帮助贫困地区实现数字经济的普及,提高贫困地区居民的贸易参与度。数据显示,2023 年,中国农村电商蓬勃发展,全年农村网络零售额达到 2.49 万亿元,更多农民将线下农产品转向线上销售,农民就业增收渠道拓宽。

➡➡ **个性化和全球化——听取四面八方的"声音"**

❖❖ **个性化**

在数字化经济时代,云计算、大数据、移动互联网、社交媒体等新技术的发展不仅拓展和扩充了数字贸易产品服务的种类范围,为消费者提供了更为广阔的商品服务选择空间,而且适应和激发了消费者的特殊化个性需求。随着个人消费者越来越多地参与到数字贸易中,个性化的需求也越来越受到重视,商家很难再靠标准化的产品和服务获利,根据消费者的个性化需求提供定制化产品和服务成为提升竞争力的关键。

互联网平台通过引入智能推荐算法,根据用户的搜索历史和行为习惯,为客户提供个性化、有针对性的产品推荐,提高了购物体验的个性化程度;通过推动卖家店铺的专业化运营,鼓励卖家提供独特、专业的产品,以满足不同客户群体的需求,进一步丰富平台上的商品种类,提供更专业化的选择。

如今,消费者的选择越来越多样化,个性化产品的销量增长明显。商家应密切关注技术发展及其对年轻人生活的影响,还应"大开脑洞"、主动推动变化的发生。比如,不少商家捕捉到单身群体的商机,推出小巧又兼具多种功能的小家电、小户型单身公寓的租赁服务、1千克装大米等小包装商品。他们通过了解不同群体的消费需求,调整产品和服务,推动供需匹配。食品行业一手做加法,一手做减法,针对细分人群需求增加功能性,为孕妇、儿童、老人等提供特定产品;同时减糖、减油、减盐,对添加剂"做减法",注重食品的营养健康。而在汽车行业中,车企也深度挖掘消费需求,对市场展开精细化运营,在已有车型级别划分基础上,通过尺寸、风格、动力等元素的变化,对细分市场进行拓展和延伸,已成为一种趋势。

❖❖ 全球化

数字贸易还具有全球化的特征,数字贸易平台不仅为本地企业提供贸易机会,还为跨国公司和个体工商户提供了进入全球市场的便捷途径。通过这种全球化的市场,卖家和买家可以在不受地理限制的情况下进行数字交易,推动国际贸易发展。为了顺应全球化的数字贸易,平台还需要提供多语言和多货币支持,这使得用户能够在其首选语言和货币下进行贸易活动,为国际贸易的顺利进行提供了便利条件。此外,数字贸易的全球化还有赖于安全高效的国际支付系统、国际化的数字营销和广告策略等。

一方面,随着新一轮科技革命和产业变革孕育兴起,信息通信技术成为行业转型升级的必需品,跨境流动的数据正成为贯穿数字贸易新业态、新模式的关键纽带和基础底座。据麦肯锡预测,数据流动量每增加10%,将带动国内生产总值(GDP)增长0.2%。预计到2025年,全球数据流动量对经济增长的贡献将达到11万亿美元。另一方面,数据要素的跨国境流动对国际利益分配格局、国家安全与网络安全、数据主权及个人隐私等诸多方面的深刻影响尚难估量。国家价值立场不同、技术规制也不同,这成为全球数字贸易治理规则形成过程中的最大变量。同时,由于保护主义规制对数字贸易的限制,国家之间跨境数据流动治理的平衡被不断打破,限制数据自由流动或强制获取数据都可能引发数字贸易壁垒,平衡被破坏后所产生的负面效应阻碍了全球数字贸易的协同发展。

▶▶ 数字贸易的影响

作为一种新的经济活动形态,数字贸易增强了知识和信息的流动,提高了传统产业的生产率,促进了经济增长。数字贸易的迅速增长凸显了数字技术在全球经济中的关键作用,特别是在促进和扩大国际贸易方面。这一趋势加强了企业跨境提供商品和服务的能力,使其能够以更具成本效益的方式拓展市场。通过数字化的平台和工具,企业可以更快速地进入新兴市场,更精确地满足消费者需求,并更有效地管理供应链。这种发展凸显了数字技术在全球贸易中的关键性作用,为企业创造了更多的机遇和竞争优势,为全球经济注入了新的动力。下面我们分别从经济、技术、社会、环境四个方面来具体分析数字贸易带给我们的影响。

➡➡ 经济方面——无缝连接全球市场

数字贸易通过互联网和数字技术连接全球市场,为不同国家和地区的企业提供了跨境交易和合作的便利途径。数字贸易的主要方式包括电子商务平台、在线支付系统、数字营销工具、跨境物流网络等。通过这些工具和平台,企业可以更轻松地找到全球供应商和买家,进行在线交易和支付,消除了面对面互动的需要,实现产品和服务的国际化销售与推广。个人或企业更是可以通过一部手机在全球市场上完成商品的选购,也可以通过一部手机将自己的商品宣传到世界其他地方。依托数字贸易,我们足不出户就可以买到世界各地的商品和服务。

一个有趣的例子是一家法国家具设计工作室与一家日本木工工坊之间的合作。

这家法国家具设计工作室希望将其独特的设计理念与日本传统木工技艺相结合，创造出独一无二的家具产品。通过数字贸易平台，他们可以轻松地与日本木工工坊进行沟通和合作，无须受到地理距离的限制。

设计师可以通过数字化平台将他们的设计图纸和想法传递给日本木工师傅，进行实时的讨论和修改。而木工师傅则可以利用数字技术展示他们的工艺水平和生产过程，确保最终产品符合设计师的要求。而最终产品又可以通过数字化平台迅速地销售给全球的消费者。

通过这种跨国合作，两个国家的文化和技艺得以交流和融合，创造出了独具特色的家具产品。这种合作不仅拓展了市场，还促进了两个国家之间的文化交流和理解。

可见，当今世界中的许多产品都是跨国合作的产物，最终也会流至世界各地消费者手中，世界是一个巨大的、整体的经济市场。

➡➡ **技术方面——加速信息和服务的数字化**

数字贸易是利用数字技术进行研发、设计和生产，并通过互联网和现代信息技术手段向用户提供产品和服务的一种贸易形式。其核心在于数字服务，特点是数字化交付，代表着贸易的一种新趋势。

同时，数字贸易在一定程度上加速了信息和服务的数字化转变，实现了信息和服务直接流动和便捷获取，使得商业结

构向扁平化方向发展。借助网络化基础设施平台及其信息处理、搜索、分类和推送,大量企业利用数字化的信息和服务直接接触到最终客户,从而完成B2B、B2C甚至C2C的交易。因此,信息和服务通过网络数字化更加直接和通畅地传递至客户手中,这样不仅可以降低交易成本,还提高了信息和服务传递的快捷性和准确性。

数字贸易还通过在线平台等数字技术促进了信息的数字化转型。诸如在线销售和交易、数字化广告和营销通过搜索引擎优化在线数据分析和管理及远程办公和合作等。

首先,关于在线销售和交易,数字贸易平台提供了一个在线销售和交易的环境,让企业能够将产品和服务数字化展示,并进行在线购买和付款。这样可以促进实体商品和服务向数字化转变,使得消费者可以更便捷地获取所需的信息与服务。举个例子,我们可以想象一下一个手工艺品家族企业,他们生产精美的陶瓷制品。在传统的销售方式中,这些陶瓷制品可能只能通过实体店或者当地的手工艺市场进行销售,限制了他们的市场范围和销售机会。但是,通过加入一个数字贸易平台,这家企业可以将他们的陶瓷制品在线展示,利用平台的数字化工具进行产品推广和个性化推荐。消费者可以在平台上浏览陶瓷制品,了解每件制品的背后故事和制作过程,从而更有针对性地进行选择。一旦决定购买,消费者可以直接在线完成支付,并选择送货上门或者快递到家。这不仅提高了销售的效率和扩大了销售范围,还为消费者提供了一个便捷、安全和个性化的购物体验。

其次,数字化广告和营销也是现今企业不可缺少的一部分。数字贸易提供了数字化广告和营销工具，例如，社交媒体广告、搜索引擎优化等，它们可以帮助企业在网络上宣传产品和提供服务，推动信息数字化传播。在全球社交媒体平台上，我们可以看到企业通过广告投放来选择目标受众，根据用户画像、兴趣和行为等定位，进而展示个性化的广告内容，以促进企业的品牌推广和产品销售。想象有一家咖啡馆想通过数字贸易平台来推广他们的特色咖啡和糕点，通过社交媒体广告，他们可以在社交媒体平台上展示精美的咖啡图片和诱人的优惠，从而吸引更多消费者的目光。

再次，通过搜索引擎优化，当用户搜索附近的咖啡馆时，这家咖啡馆的网站排名会靠前，提高曝光度。更进一步，他们还可以通过电子邮件营销向客户发送优惠券或者优惠活动的信息，增加客户忠诚度和复购率。这些数字化广告和营销工具不仅提高了咖啡馆的曝光度，还使他们能够更精准地吸引目标客户群体，从而带来更多的效益和增加品牌知名度。

最后，数字贸易平台可以帮助企业进行在线数据分析和管理，从而让企业更加精准地了解消费者需求，优化产品和服务，推动信息数字化的发展。另外，提供便利性的远程办公和合作，使得企业可以通过云端办公工具和在线协作平台，实现信息和服务的实时数字化交流和合作。

综上，数字贸易以其便捷、高效的特点，推动了信息和服务的数字化转型，促进了信息和服务的在线化、智能化发展。

➡➡ **社会方面——转变消费者行为和企业模式**

数字贸易不仅推动了消费者行为方式的转变，还打破了

传统的企业边界及其成长规律。

一方面,消费者在数字贸易时代享受到了更便捷、个性化的购物体验,通过互联网随时随地进行购物,获得个性化推荐,比较价格和品质更为容易。数字贸易时代为消费者带来了购物便利和体验,成为现代生活中不可或缺的一部分。

消费者可以享受到诸多如下好处:

拥有更方便的购物体验。数字化贸易就像是给消费者开了一扇随时随地的购物大门,不再受制于实体店的开门、关门时间和地点限制。想要购物?不必等到白天,半夜三更也能点开电脑或手机,尽情挑选心仪的商品。现在,购物平台就像是全天候无休止的热闹市场,想逛就逛,想买就买,购物变得更加随心所欲。

享受个性化推荐。数字贸易的个性化消费体验不仅仅体现在产品推荐和购物建议上的个性化,它还涵盖了诸多方面。通过数字化平台,消费者可以定制自己的购物偏好,例如选择特定的品牌、风格或功能,并在这些偏好的基础上接收到定制化的推荐内容。这种个性化消费体验还延伸至购物过程中的交互与服务,消费者可以根据自己的需求选择不同的支付方式、配送选项和售后服务,从而实现更符合个人需求的消费体验。数字贸易平台也提供了个人账户管理功能,消费者可以随时查看自己的购物历史、收藏列表和个人信息,使得整个消费过程更加个性化、便捷和透明。因此,数字贸易不仅仅是一种购物方式,更是一种为消费者量身定制的消费体验。

享受价格与信息的透明。数字化贸易使得消费者更容易比较不同产品和服务的价格和品质,像是拥有了一副"透视"

眼镜,消费者能够更加明智地做出购买决策。市场的透明度得以提高,商家的价格竞争和产品比较变得轻而易举,消费者仿佛站在一个大广场上,眼界不再受限,可以尽情挑选。

形成社交化消费习惯。通过社交媒体和社交平台,消费者可以更方便地获取他人对产品和服务的评价和推荐,影响着消费者的购买决策和品牌忠诚度。当消费者沉浸在社交媒体的海洋里时,可以通过点赞、评论、转发等互动方式,轻松地获取到他人对产品和服务的实时评价和推荐,相互勾勒出属于自己的品牌忠诚度地图,准确捕捉到产品优缺点,从而做出更明智的购买决策。

另一方面,数字贸易以提升企业数字化、智能化、网络化发展水平为主要特征,从而可以迅速打破传统企业边界,将数据采集、传输、存储、服务等功能集聚于一体,有效促进创新能力、服务能力、制造能力,共同驱动企业快速成长。并且,数字贸易还借助其在生产要素配置中的快速优化及集成共享,从基础设施、企业及政府数字化转型、数据治理等多个层次进行突破,通过数字技术的加速渗透,快速对传统商业模式进行颠覆,从而起到快速拉动经济增长、促进经济高质量发展的作用。通过数字贸易的联结,来自世界各地的多样化、个性化需求可以被快速、直接地反映到产品研发、设计与生产过程当中去,极大地推动了传统产业的数字化转型。与此同时,制造业企业在努力满足消费者需求不断更迭的过程中,对生产过程的柔性化改造也将不断实现,从而最终实现数字化及智能化升级。

比如,互联网营销的兴起,数字贸易推动了企业将营销焦

点转向线上,通过互联网进行广告推广、产品销售和品牌建设,改变了传统营销渠道和方式;直播电商的兴起,数字化贸易带动了直播电商的发展,让企业可以通过直播形式实时展示产品特点、互动宣传,直接提升产品的展示和销售效果;企业也更加注重针对消费者的定制化服务,更好地对消费者需求进行精准定位,提升消费者满意度和忠诚度;数字贸易还推动了企业供应链的数字化转型,提高了生产运营效率、减少库存压力,使得企业更加灵活、迅速地应对市场变化,从而提高自身的市场竞争力。

综上所述,数字贸易对消费者行为和企业模式的改变是全方位的,通过数字化技术的应用,促进了消费者与企业之间的联系和互动,推动了市场的发展和创新。消费者获得了更多选择和便利,企业也得以更有效地满足消费者需求、提高竞争力和市场份额。

➡➡ **环境方面——推动可持续商业实践**

数字贸易在推动可持续商业实践和促进企业良性竞争等方面发挥着重要作用。

在传统的国际贸易中,发展中国家及中小企业都属于贸易弱势群体,而转变国际贸易中的这类群体并非易事,它们相对于那些规模宏大的企业,比如跨国公司,在传统的国际贸易中常常被忽视。对于中小企业来说,尽管产品和服务质量出色,却因信息不对称和高昂的贸易成本等问题而难以进入国际市场。不过,随着数字贸易的迅速发展,这些弱势群体终于找到了进军国际市场的新通道。

数字贸易的崛起有助于削弱信息不对称,降低贸易弱势群体进入国际市场的门槛。通过在线平台和数字化技术,它们可以更容易地推广自己的产品和服务,与全球买家进行互动交流,打破传统贸易壁垒。数字贸易为贸易弱势群体提供了更为公平的机会,让他们能够广泛参与国际贸易并获得实实在在的利益。这种变革不仅促进了全球贸易的多样化和包容性,更推动了全球经济的可持续增长和发展。

首先,在数字贸易发展过程中,经济管理者可以运用更为科学且可持续的供应链管理,从而提高经济发展过程中的资源利用效率,减少浪费,推动可持续商业实践。企业可以通过数字化平台追踪产品的生产过程,确保符合环保标准和承担社会责任,从而提升品牌形象和市场竞争力。

比如,一家小型手工制作的巧克力工厂运用了数字化平台来优化供应链管理。他们在网上与当地农户建立联系,直接采购可持续种植的可可豆。通过数字化平台,他们可以实时追踪可可豆的生产和运输过程,确保符合环保标准和公平贸易的要求。此外,这家工厂通过与农户建立长期合作关系,帮助他们提升农业生产技术和环境意识。这种直接合作不仅减少了中间环节,降低了成本,还促进了当地经济的发展。在生产巧克力时,他们还可以通过数字化平台追踪原材料的使用,确保每一步都尽量减少浪费。他们甚至能将生产过程中产生的废料,如可可壳,转化为有机肥料,支持当地农业。

通过这种可持续的供应链管理,这家巧克力工厂不仅提高了资源利用率,还树立了负责任和环保的品牌形象,赢得了消费者的喜爱和忠诚。

其次，经济管理者也更加倾向数据驱动决策，想象一下，数字化贸易就像是给企业开了一扇通往消费者内心世界的窗户，让它们可以窥探到消费者需求和市场趋势的秘密花园。这里面，隐藏着无尽的宝藏——大量的数据和分析工具，能够帮助企业发现市场的宝藏地点，调整产品策略和服务模式，最终在激烈的市场竞争中脱颖而出。就好像给企业提供了一本"市场灵通宝典"，让它们可以准确地捕捉到消费者的脉搏跳动和市场的脉络变化。通过数据分析，企业可以像探险家一样探索市场的未知领域，发现新的商机和创新点。这些利用数据分析获得的详细贸易信息可以很大程度上帮助企业进一步了解消费者的喜好，从而可以及时调整产品和服务，抓住消费者的心弦，提升自身的市场竞争力，减少资源浪费，实现可持续的商业增长。

最后，可持续的商业实践还表现在企业创新和差异化竞争越来越激烈，数字贸易的发展促使企业不断创新，推出更具竞争力的产品和服务，满足消费者多样化的需求。通过数字化技术，企业可以利用无限的、可共享的数字贸易信息资源来实现定制化服务，提升用户体验，差异化竞争能力，推动企业不断向前发展。

综上所述，数字贸易不仅可以推动企业实现可持续商业实践，还可以激发更激烈且良性的市场竞争，促使企业不断创新和提升服务水平，实现可持续、高效和有竞争力的商业模式。

数字贸易的应用领域有哪些？
——数字贸易无处不在

苟日新，日日新，又日新。

——《礼记·大学》

▶▶ 贸易方式数字化——让交易过程便捷、高效

数字化转型已然改写了贸易的传统篇章。这一变革不仅仅是技术的融合，更是一场关于效率与成本的革命。数字化贸易不再是笼统的概念，而是具体化为数字营销的巧妙布局、数字支付与货币的创新出现、智慧物流体系的筑梦及数字海关的悄然兴起。在这一节中，我们将揭开数字化如何深刻影响国际贸易的神秘面纱，探索其带来的潜在机遇与挑战。

➡➡ 数字营销——通过多媒体渠道捕捉目标客户

所谓数字营销，简而言之，是一种利用互联网和数字技术手段，在在线平台上推广产品或服务的营销方式。数字营销的核心在于利用数字工具和在线平台，以更直接、个性化的方式与消费者沟通。与传统营销不同，数字营销不仅仅是向大

众发布信息,更强调与用户建立双向互动关系。通过社交媒体、搜索引擎、电子邮件等数字渠道,企业可以更加精准地定位目标受众,了解用户需求,提供个性化的服务和信息。数字营销相较于传统营销有以下优势:

首先,数字营销的成本相对较低。传统广告、宣传需要大量资金进行投入,包括书刊、广播、电视等多个渠道,而数字营销通过互联网渠道,如社交媒体、搜索引擎等,可以更精准地投放广告,大大降低了传播成本。这使得中小型企业也能够利用数字营销平台,与大型企业一较高下。

其次,数字营销提供了更精准的定位和个性化服务。通过数据分析和用户行为追踪,数字营销能够准确把握用户的兴趣、喜好和购买行为。这使得品牌和商家能够向特定目标群体推送相关的内容和广告,提高营销效果。相较于传统营销的广泛覆盖,数字营销更注重"精准传播",更有效地引导潜在客户进行消费决策。

最后,数字营销的反馈机制更加迅速。传统营销往往需要较长的时间来获取反馈,而数字营销通过实时数据监测,可以即时了解广告效果。这使得品牌和商家能够快速调整营销策略及生产策略,更加灵活地适应市场变化,提高品牌的竞争力。

数字营销的崛起标志着传统贸易在营销方式上的根本性转变。这种全新的商业模式为企业提供了更广阔、更高效的市场渠道,摒弃了以往地理和传统媒体的种种局限。综合来看,数字营销为传统贸易方式注入了新的动力和活力。通过实现全球市场的开放、实时互动、个性化营销及成本效益和量化效果的提高，数字营销不仅推动了企业经营模式的创新，也为全球经济的发展开辟了崭新的路径。

➡➡ 数字支付与数字货币——货币只是一串数字

在我们日常的购物、支付和贸易活动中，数字支付和数字货币正逐渐崭露头角，成为推动经济发展的关键力量。数字化的支付方式和货币形态，让我们体验到了前所未有的便捷和效率。本部分根据历史的演进，深入了解数字支付的发展和数字货币的应用前景，并讨论其对我们日常生活和贸易活动产生的影响。

✧✧ 第一阶段　数字支付起步期

20世纪末，银行和金融机构启动了一项革命性的尝试：将传统的纸质货币转化为数字形式。在昏暗的办公室中，面对闪烁的电脑屏幕，他们编写代码，试图在数字世界中重新定义资金流通。这些早期的电子支付方式，因技术局限和安全性问题而显得烦琐，仅限于大型金融机构之间的交易。

同时，在国际贸易中，电子支付开始简化跨境交易流程。企业通过银行的电子转账系统，迅速将资金转移到国外合作伙伴账户，提升了支付效率，减少了交易成本，并逐渐减少了对纸质单据的依赖。然而，这些支付方式仍受到银行体系限制，如处理速度不足和跨境手续费较高，使得企业家在全球各地的会议室内寻求更优解决方案，期盼一个更开放、便捷的支付未来。

✧✧ 第二阶段　数字支付成熟期

随着互联网的波澜壮阔地展开，技术日新月异，我们迈入

了一个全新的互联网支付时代。城市的街角,乡村的巷尾,无不充斥着移动支付的声音。手机在手,轻轻一扫,咖啡、书籍、服装统统到手。在这个时代,电子商务平台如同春天里的花朵急速绽放,线上支付工具层出不穷,极大地简化了人们的购物体验。银行、商家、第三方支付平台,这些金融的搭档们,如同一支和谐的乐队,共同演奏出一曲便捷与安全并重的支付乐章。

一笔交易的达成需要完成收和付,若把这笔交易放大到全球贸易的环境下,无论金额大小,都要经过交易双方的信息验证、反洗钱反欺诈、跨境结算、资金安全、隐私保护等一系列复杂的流程。传统的跨境支付如同笨重的旧式机器,常常需要数日以至数周才能完成任务。然而,在数字支付的加持下,这些都变得轻而易举。在一间布满电子屏幕的现代化办公室里,交易员只需点击几下鼠标,便能启动一个跨国交易,数分钟内,从纽约到东京的支付便可以完成。监管机构、银行、电商平台、全球合作伙伴,这些贸易的参与者,现在通过数字化的纽带紧密相连。企业用户从注册到审核通过的周期,已经从1天缩短到1小时;80%的企业入账可以在数秒间完成;跨境支付时效也从2周缩短到几分钟。在这样的新时代,企业在节省时间和成本的同时,也为全球贸易注入了新的活力。

✦✦ 第三阶段　通过数字货币进行数字支付

第三阶段是数字支付的未来时代,以数字货币支付为特征。我们可以将这一时期称为"加密数字支付时代"或者"数字货币支付阶段"。

数字货币是一种基于密码学技术的数字化资产,数字货币的运作依赖于区块链技术。区块链是一种去中心化的分布式账本，它记录了所有数字货币的交易信息。每一次交易都会被添加到一个"区块"中，然后链接到之前的区块，形成一个不可篡改的链条。这种去中心化的特点使得数字货币更加安全可靠，因为没有单一的中央机构掌控所有的信息，降低了被攻击的风险。数字货币在交易时只有拥有相应私钥的人才能够完成数字货币的转账和交易。这一点增强了数字货币的安全性和交易的隐私性。人们通过数字签名等技术保护自己的数字资产，使得数字货币的使用更加安全可控。

加密数字货币支付的出现，将为传统贸易结算带来深刻变革。传统上，国际贸易结算依赖于银行和其他金融机构作为中介，但这些中介机构往往会产生高额的费用和漫长的处理时间。而加密数字货币支付的去中心化特性，使得企业可以绕过这些中介机构，实现点对点的直接交易，从而大大降低了交易成本和时间。此外，加密数字货币支付还提供了更高的支付安全性。通过区块链技术的加密和分布式账本机制，加密数字货币支付可以有效防止欺诈和双重支付等问题，确保交易的安全和可靠。

总体而言，这一阶段是数字支付的未来发展趋势，数字货币支付将成为主导形式，推动支付方式的进一步创新和演进。这一时期的数字支付有望在金融、科技、社会生活等多个领域发挥巨大的作用。

尽管数字支付给我们带来了极大的便利，但也伴随着一些挑战和风险。首要问题是账户安全。由于数字支付需要用户提供一定的个人信息，账户安全成为至关重要的问题。为

了保护账户安全，用户需要定期修改密码，开启双重认证等安全措施。同时，网络诈骗的风险也逐渐增加，用户应该提高警惕，避免点击不明链接，防范不法分子的攻击。加密数字货币支付在国际贸易中的应用仍面临一些挑战和限制。例如，加密数字货币市场的波动性较大，价格不稳定，这可能会给企业的贸易结算带来一定风险。此外，不同国家和地区的监管政策对加密数字货币支付的认可程度和应用范围也存在差异，这可能会限制其在国际贸易中的广泛应用。

➡➡ 智慧物流与海外仓——使我国商品更快走向世界

清晨，某仓库内部，机器人已经开始了一天的工作。它们在货架间快速穿梭，无声地在密集的货架上搜索、提取需要配送的商品。这些机器人，以它们精确的机器视觉和灵活的机械臂，将一件件商品准确无误地放置到传送带上。整个过程中，没有人声喧哗，只有机械运转的和谐旋律。随着天色渐明，无人运输车辆在室外整装待发。这些车辆装载着即将送往世界各地的包裹，它们的行程和路径都经过精心计算，以避开交通高峰和潜在的延误。在某些特殊的情况下，无人机加入配送队伍，它们在城市的上空翱翔，绕过繁忙的街道，将小型包裹直接送达消费者的家门口。这一幕仿佛来自未来的描绘，却已是现实中的常态。

以上这样的画面，发生在跨境电商公司的一座海外仓中。海外仓，作为智慧物流系统的"阵眼"，它们通过技术的力量缩短了物流时间，降低了运输成本，在系统中发挥着重要作用。

而在幕后，是强大的数据分析系统在一直运行。它通过实时监控每一个包裹的位置，预测并优化配送路线。同时，大数据和人工智能算法预测全球市场的需求变化,指导仓库调整库存,确保每件商品都能在最佳时间、以最短的路线抵达消费者手中。

在这复杂而精细的网络中,每一点改进都可能意味着巨大的成本节约和效率提升。它不仅仅是物理商品的搬运工,更是全球贸易流畅运转的保障。从黎明到黄昏,从一城到一国,以其无声的力量,保证了现代生活的便捷和丰富多彩。

这就是智慧物流,这种数字时代的物流模式通过先进的信息技术,将物流过程中的多个环节进行数字化、智能化的管理和协同,以提高物流效率、降低成本、增强可视性。这包括了供应链的可追溯性、仓储的自动化、运输的智能调度等方面的创新。海外仓作为智慧物流的一部分,是指在国际范围内重要交通节点建设的仓储设施,旨在更好地服务全球市场。海外仓的建设打破了地域的限制,使商品能够更快捷地到达全球各地,从而为数字贸易提供了关键支持。

总体来说,智慧物流和海外仓的应用,不仅提高了物流效率,也为全球贸易创造了更多可能性。这种结合让商品能够更顺畅地流动于不同国家和地区,推动了全球经济的发展。未来,随着科技的不断进步,智慧物流和海外仓的融合将在全球贸易中发挥更为重要的作用,为我们的购物体验带来更多便利。

➡➡ **数字海关——让通关进入"快车道"**

在数字化时代的背景之下,通关流程也迎来了翻天覆地的变化。设想一个需要办理通关的企业,在数字海关的帮助下,他们的体验怎样被改写。

一天早晨，企业的物流经理在办公室内审视着电脑屏幕上的数据。在数字海关系统的支持下，所有的通关文件已经电子化，只需几次点击便完成了上传和提交。过去，需要手工填写、递交的烦琐文件，现在已转变为几个预设好的数字表格，极大节约了准备时间。

屏幕上，一个清晰的用户界面显示着每项货物的处理状态。通过大数据和人工智能的辅助，海关人员能够迅速识别并处理潜在的问题，实时更新状态给企业。这样的系统不仅加快了审批速度，也显著提升了处理的准确性。

午后，物流经理接收到了通关通过的通知。数字海关系统使得从文件提交到通关完成的整个过程几乎无须人工干预，大大减少了等待时间。企业的货物已经可以安排装运，而司机也通过企业应用得知了即时的装车和发运指令。

在港口，不再有昔日那种排长队等待手工检查的场景。感知技术和自动识别系统使得车辆和货物快速通过检查点，每个环节都紧密衔接，效率惊人。企业可以准确预计货物的到达时间，优化库存管理和后续的销售计划。

这种通过数字海关的通关方式，对企业来说是一种巨大的"福音"。它不仅仅提升了通关速度，更重要的是增加了流程的可预见性和透明度。企业可以更有效地管理其全球供应链，响应市场变化，减少了因通关延误带来的经济损失。

我国海关多年前便已经走上数字化转型之路。为进一步提升海关的通关效率和体验，充分发挥科技创新的支撑和引领作用，我国于2001年正式启动了金关工程，在海关内部联通的基础上，由海关总署等12个部委牵头建立了电子口岸中心，推动中国海关的信息化建设迈向了一个新的发展阶段。

"单一窗口"系统是我国数字通关的代表之一，它整合了涉及进、出口业务的部门，实现了一站式的数字通关服务。这不仅加速了通关流程，还减少了企业的运营成本。我国沿海省份中，浙江省率先打造数字贸易"单一窗口"，以数字化手段推进跨部门信息互换和数据共享，完善业务审批、通关便利、惠企政策、开拓市场等贸易环节服务，提升数字贸易便利化水平。例如，杭州高新区（滨江）物联网产业园利用国家贸易外汇收支便利化试点，将24家基地企业纳入试点名单，突破外汇收付量1亿美元门槛，为企业缩短80%付汇时间，缩短20%的收汇时间，成功助力数字贸易降本增效。

在新时代的数字通关中，企业可以更加便捷地进行跨境贸易，同时享受到更高效的通关服务。数字通关借助先进技术，不仅提高了通关效率，也为国际贸易注入了更多活力，成为数字经济时代的重要支撑。数字海关和数字通关的革命性变革，正在推动着国际贸易向着更加数字化、智能化的未来迈进。

▶▶ 无形服务贸易——优质服务触手可及

在当今数字化时代，行业纷纷迈开数字化转型的步伐，而在线服务作为企业智慧化转型的重要组成部分，也随之迎来了全新的发展机遇。从传统的线下课堂到在线教育，从医院看病到在线诊疗，从传统的管理咨询到数字化咨询，种种转变展现了无形服务行业正经历着深刻的变革和革新。随着企业

对数字化和技术创新的需求不断增加,在线服务的重要性愈加凸显。因此,我们不得不思考:在数字化浪潮中,各种在线的无形服务在数字贸易中将如何演绎其新的角色?如何利用数字化手段提升服务质量和效率?本部分将探讨无形服务在数字贸易领域中的新动向和发展趋势,以期为行业未来的发展描绘更加光明的前景。

➡➡ 在线教育——最大化利用教育资源

回到家放下书包,打开电脑搜索自己薄弱的知识点,跟着视频里的讲解开始复习已经成为很多学生现在的家常便饭。而这就是在线教育。也许很多的80、90后对在线教育的印象还停留在电视广告上的宣传,而对于00后,在线教育已经逐步融入了日常生活。在线教育,顾名思义,是以网络为介质的教学方式,通过网络,学员与教师即使相隔万里也可以开展教学活动,真正打破了时间和空间的限制。

随着信息技术的日趋成熟和人们对优质教育资源的需求日渐增加,在线教育目前可谓蒸蒸日上。《2024—2030年中国网络教育市场深度调查分析及发展趋势研究报告》表明,中国网络教育行业在2024—2030年将呈现出稳步增长的趋势。近年来,在线教育被越来越多人认可,相较于传统的教育模式,在线教育有很多令人眼前一亮的特色。

第一,在线教育使教育更加自主化、个性化。在线教育使教学突破了时间和空间限制,可以实现随时随地只要联网即可实行教学。这使用户可以选择自己的空余时间,并且可以随时暂停或者在某个掌握一般的部分反复观看学习。不用在固定时间和固定地点进行学习,从某种程度上扩大了教育的受众面,开辟了学习知识的新途径。同时,在线教育让更多人有机会选择符合自己需求和兴趣的课程进行专项学习,可以进行深度研究。

第二,在线教育促进了教学效率的显著提升。由于网课具有受众目的性较强、周期较短的特性,它对知识的教学将更加具有针对性、重点性。教师将一些简单易懂的基础性知识用网课传授,可以提高教学效率,让学生收获更多更深层、更有意义的知识。

对于在线教育的未来发展,目前有很多看法。首先,随着数字化技术的发展,教育服务可以轻松地跨越国界,这意味着教育资源可以在全球范围内自由流动,学生可以通过在线平台获得来自世界各地的优质教育资源。其次,新技术的发展会为在线教育带来新的可能性,例如,学习者可以通过 AR 和 VR 技术身临其境地参与虚拟实验、场景模拟和沉浸式学习中,从而加深对知识的理解和记忆,例如人工智能、大数据分析的应用,可以帮助在线教育提供商更好地理解学生的学习需求和行为模式,从而提供更加个性化和有效的教育服务。

➡➡ 远程诊疗——名医入户计划

有关医疗的电视剧里我们经常可以看见,患者躺在病床上,远在他方的专业医生通过视频进行会诊,甚至借助 AI 进行高难度手术。而随着远程诊疗的发展,这样的场景在现实里将越来越普及。远程诊疗是一种基于信息通信技术,使医生和患者可以通过远程通信方式进行医疗诊断、治疗和监护的医疗模式。它消除了时间和地理位置的限制,实现了医疗服务的远程传递和交互。在远程诊疗中,医生可以通过电话、

视频会议、互联网等方式与患者进行沟通,收集患者的病史、症状和体征,进行诊断和制定治疗方案。同时,医生还可以通过远程监护设备实时监测患者的生理参数和健康状况,及时调整治疗方案。

我国的远程诊疗在近年来得到了快速发展。截至2023年6月,我国互联网医疗用户数量持续增长,其中包括显著增加的农村在线医疗用户。国内互联网医院数量已超过3 000家,提供互联网诊疗服务的次数众多。同时,远程诊疗服务的县区达到全覆盖,远程诊疗协作网络也已涵盖地级市的众多医疗机构。在全球范围内,移动医疗应用市场的规模预计将达到一个重要的里程碑。与传统的线下医疗模式相比,在线的远程诊疗很多优势显而易见:

远程诊疗可以有效减少患者的就医成本。传统的面对面就诊不仅涉及交通费用,还包括额外的时间成本和可能的住宿费用,尤其是对那些需要从远处赶来的患者而言。而在线咨询、远程诊疗服务的使用则消除了这些额外开支。同时,对于医疗提供者来说,通过在线咨询减少了对物理空间的依赖,这意味着可以降低租金、设备和其他与运营实物设施相关的开支。此外,人工智能和自动化技术的运用还可以辅助、简化管理流程,减少了劳动力成本,这些节省下来的成本可以用于提高医疗质量或降低患者费用。

远程诊疗提高了医疗资源利用效率。首先,电子病历的管理相对于传统的纸质病历具有许多优势。它促进了医疗记录的标准化,降低了记录错误的可能性。其次,患者到接入医疗系统的医院,医生能迅速访问到他们的历史医疗记录,大大简化了前置工作,优化了诊疗流程。最后,传统的医疗体系面临着资源分配不均和医疗设施使用效率低下的问题。借助在线医疗服务,医生可以通过互联网平台为更多的患者提供服务,而无须限制在某个物理位置。这一模式极大地扩大了优质医疗资源的覆盖面,尤其是对偏远地区和资源匮乏的地方来说,这种效果尤为显著。

提升患者就医体验。可以想象,患者不用离开家门,就可以通过电脑或智能手机等设备,随时与医生进行沟通,获得专业意见和治疗建议。这种服务模式对于行动不便的患者、慢性病患者,以及需要频繁复诊的患者尤其有利。在医疗过程中,对于一般疾病的治疗,医生在关键环节通常能够做出准确的判断。然而,当面对需要重大手术的情况时,尤其是在患者所处地区医疗条件受限的情况下,传统的诊疗方式可能面临挑战。此时,远程诊疗的优势便显现出来。通过高速网络,它能够实现数字、图像、语音的综合实时传输,让医生能够远程进行高清的图像交流和语音沟通,从而为患者提供更加精准的诊疗服务。更为先进的是,人工智能的引入使得远程进行高难度手术成为可能,这极大地提升了患者的就医体验和诊疗效果。此外,远程诊疗的范围还扩展到了心理治疗领域。对于那些希望保护个人隐私的患者来说,线上咨询提供了一个便捷且安全的选择,使他们能够在不暴露身份的情况下获得有效的心理治疗。这种方式不仅满足了患者的心理需求,还充分尊重了他们的隐私权。

随着数字技术的赋能,远程诊疗将更加完善。在不远的未来,物联网(IoT)技术的普及将为智能医疗设备带来革命性

影响，使之更加智能化和互联化。人工智能也正在被运用于影像诊断领域，AI驱动的算法能够帮助医生更快速、准确地解读X射线、CT扫描等检查结果，从而加快疾病的诊断过程。此外，还有VR技术的应用也将在远程诊疗中展示出巨大的潜力，为医疗专业人员和患者提供一个交互性强的平台。说不定未来，足不出户，也可以得到高效、优质的医疗服务的梦想就可以实现了。

远程诊疗作为数字贸易的重要组成部分，正重塑着全球医疗服务的格局。它不仅提升了医疗资源的全球分配效率，降低了患者和医疗机构的成本，还显著提高了医疗服务的便捷性。总之，远程诊疗在数字贸易中不仅是创新的展示，也是向着更加公平、高效、普惠的全球医疗健康服务体系迈进坚实步伐的证明。

➡➡ 咨询服务——数字咨询新时代

在这个数字时代，企业像是置身于一场智力大挑战中。咨询服务就像是那些随时待命的智囊团，他们精通行业的专业知识和信息，旨在为企业解决难题，提供决策建议。当有一家企业面临着重重困境，就好比是一艘船在汹涌的大海中航行，需要突破迷雾，找到通往成功的航道。这时，数字化咨询就像是一位拥有着无穷智慧和经验的智者，深入分析问题，汲取多方信息，然后献上了解救船只的宝贵建议。这种数字化转型的过程，就像是一场航行冒险，需要冷静的头脑和精准的航向，以应对未知的挑战和风险。而随着企业不断加速数字化转型的步伐，数字化咨询服务也在蓬勃发展，成为企业的得力助手。在这个充满挑战和机遇的航程上,咨询服务就像是指引航标的灯塔,为企业指引方向,助力前行。

随着数字化时代的到来,企业不仅面临日益复杂的不确定形势,还需应对多元化的要素资源,同时组织形态也趋向广泛生态化。因此,对专业咨询服务的需求势必会持续增加。数字化咨询为企业提供了更广泛的市场准入机会,提高了运营效率并降低成本,并帮助企业更好地理解市场和客户行为,预测趋势并做出数据驱动的决策。专业咨询服务更多依托数字化,而数字化本身也将改变咨询行业。"数字的咨询化"和"咨询的数字化"齐头并进,两者都将为数字化与新型智能社会的发展助力。

▶▶ 内容产品贸易——进入数字版权新时代

随着数字化的不断发展,传统的版权观念及商业模式已很难适应时代发展,新的版权形态和版权贸易格局正逐步形成。在数字化时代,作品以数字化的形式上传至互联网,即可实现广泛传播。互联网的普及和数字技术的发展,使数字作品版权问题的监管难度加大。我国作为全球第二大经济体,需要促进数字版权贸易转型,提升自身在国际贸易中的地位和影响力。本部分将聚焦数字版权问题,从数字音乐、在线视频板块进行解读,分析数字版权贸易在不同领域的现状和发展问题。

➡➡ 数字音乐——奏响音符的数字魅力

走在大街上,经常能看见行人戴着耳机,听着手机里播放

的音乐;同学之间交流着某个歌手数字专辑的购买;短视频里的背景音乐一瞬间火遍大街小巷;等等。这些就是我们平常所说的数字音乐。数字音乐,是指用数字格式存储的,可以通过网络来传输的音乐。数字音乐以数字化的形式存在,它的实质是一串由 0 和 1 组成的二进制数字信号。无论被下载、复制、播放多少遍,其品质都不会发生变化。

近年来,数字音乐发展向好,实现了大规模的增长,且一直保持着较高的增长率。

数字音乐时代到来后,音乐产品的贸易由原来的实体贸易转变为两种:一种是非在线型,即不完全国际电子商务。这主要是指录音、录像制品等一些有形的音乐文化产品,如 CD 唱片、DVD 等,其进行国际贸易的交付方式除音乐产品实物的交付环节,其他环节(包括询价、合同签订、订货、支付等)均可以在网上通过电子方式予以实现。另一种是在线型,即完全国际电子商务。这种主要是指数字音乐产品及其服务,它们原来依靠有形载体、无形产品的直接贸易方式,在数字化条件下完全转变为通过电子网络方式进行支付、交割活动及供货方的货物运送活动。这种全新的电子化交付方式使交易双方超越地理空间障碍进行交易,充分挖掘了全球数字化音乐产品和服务市场的潜力。

相较于传统的实体唱片贸易,数字音乐有许多的优势——受众面广,收听成本低,体验感强。传统的实体唱片发行范围较小,受众较少,唱片的购买成本也较高。而通过流媒体平台发行的数字音乐,传播的方式包括:复制、转载、传送等,能够第一时间让全球范围内的听众收听到音乐,传输的成本也会更低。而且，数字专辑购买后会提供一串数字编号，给购买者较强的获得感和仪式感。另外，数字音乐通过网络平台的传播，让听众可以随时随地收听音乐，也可以更方便进行收藏。对于喜欢的歌曲我们只需要动动手指在屏幕上点几下，下次就可以更快找到它。而传统的实体唱片需要有专门的设备进行播放，收听音乐受阻碍影响较明显。而且，数字音乐不存在音质受损或者保存困难的问题。而传统的实体唱片会随着时间、湿度等许多主、客观原因导致磨损，造成音质受损，影响收听的体验感。

数字音乐贸易其实是数字音乐版权的贸易，因此版权问题是数字音乐贸易中绕不开的关键问题。数字在线音乐对外贸易价值流的不畅通，究其根源是没有做好版权保护，人们可以轻而易举地在网上获取音乐而无须支付任何费用。数字音乐的出现和传播让人们方便、快捷地享受音乐的同时，更向版权保护提出了挑战。网络已经成为数字盗版音乐的最大传播渠道之一，免费音乐下载随处可见，P2P音乐文件共享越来越受到网络用户的青睐。而这种免费下载及文件共享未经授权的音乐作品，不仅直接影响了相关版权人的利益，也打破了正常的国际文化贸易的流通，打击了原创作者创作的积极性。

总的来说，音乐版权贸易在当今的音乐产业中发挥着越来越重要的作用。随着数字技术和流媒体平台的不断发展，音乐版权交易市场将呈现出更加多元化和竞争激烈的态势。这对于推动创作、促进流媒体发展，以及提高音乐产量和质量具有积极意义。同时，也需要注意到其中存在的问题和挑战，如独家授权引发的反垄断诉讼等。因此，在未来的发展中，需

要平衡多方的利益诉求,维护市场竞争秩序,同时要关注独立音乐人和新兴数字音乐平台的发展机遇。

➡➡ 在线视频——新时代的视觉盛宴

什么是在线视频?在线视频以内容产品时长为划分标准,可以被分为长视频(超过 30 分钟)、短视频(不超过 1 分钟)及中视频(1～30 分钟)三大板块。长视频平台的主要内容产品为影视、综艺作品,由平台购买影视公司制作的成品或者平台自制内容产品;短视频以用户生成(UGC)内容为主,多采用"短视频＋直播"双轮驱动经营模式,平台作为流量入口及内容分发渠道,外购 IP 版权较少;中视频平台同时具备长、短视频平台特点,既有用户生成内容,也有自制、外购的动画、影视剧产品。

我国在线视频出海近年来像春天破土而出的绿芽,蓬勃生长。短视频以平民化叙事和生活化叙事,拉近了与受众之间的距离。除了其内容的丰富性,在线视频相较于传统影视有着很多的优点。第一,便捷性。用户可以随时随地通过手机、电脑等设备观看视频,无须受时间和地点的限制。第二,互动性。许多在线视频平台提供弹幕、评论等功能,使用户能够与其他观众或创作者进行互动,加强了人与人之间的即时交流。在观看一个视频的时候,我们往往可以看见很多有趣的弹幕飘过,增加了视频的趣味。第三,个性化。基于用户的历史观看记录和兴趣偏好,许多平台能够为用户提供个性化的视频推荐,让用户对于自己感兴趣的话题可以获得不同类型的知识,喜欢动物的就会被推荐很多动物,喜欢打扮的就能看到许多不同的妆容和穿搭,对游戏感兴趣的就会被推荐很多游戏的直播，当然设置"不感兴趣"后也不用受不喜欢的视频影响。

但是，在线视频的发展和出海也面临着许多问题。第一，严重的版权保护与侵权问题。由于数字技术的便利性，视频内容容易被复制、传播和篡改，导致版权所有者的权益受到侵害。如何有效保护版权、维护创作者和版权所有者的利益是在线视频贸易亟待解决的问题。随着在线视频贸易的快速发展，内容质量参差不齐的问题日益突出。第二，不同国家和地区对内容的审查标准有所不同，有些内容可能在某些地区被视为违规，而在其他地区则被允许。这就需要在线视频平台在全球范围内遵守不同的法律法规和审查标准，增加了运营的复杂性。在技术创新和投入上，在线视频也有需要克服的难关。在线视频贸易需要不断创新技术以满足用户需求和提高竞争力。例如，提高视频清晰度、优化播放体验、提升推荐算法准确性等都需要大量的技术创新和投入。然而，技术创新往往伴随着高昂的成本和风险，对于一些规模较小的平台来说可能难以承受。如何在有限的资源下实现技术创新和突破，是在线视频贸易需要克服的难题之一。

▶▶ 数字技术贸易——为经济赋能添翼

当你拿着会员卡去超市购物，几天后就收到了一封关于你喜欢的产品推荐和优惠券领取的电子邮件；在网上搜索旅游信息，被选择弄得头疼不已时，一个小小的对话框弹了出来，向你推荐了一些适合的旅游路线，并且还帮你预订了酒店

和机票,你的心情突然就舒畅了起来;又有一大堆文件需要处理,但是电脑的存储空间不够了,幸好有云计算的存在,你把文件上传到了云端,不仅解决了存储问题,而且能随时随地访问,不禁感叹真是太方便了;出门买东西的时候,你突然想起了刚刚忘记关掉烤箱,于是打开了手机上的智能家居App,通过物联网在手机端轻轻一按,烤箱就自动关闭了。在本部分内容中,我们将深入探讨人工智能、大数据、云计算和物联网这些数字赋能技术的应用场景、发展趋势,并揭示这些技术是如何赋能现代经济和传统贸易的。

➡➡ 人工智能与大数据——让数字贸易产生"智"变

在数字贸易领域,谈到人工智能,通常离不开大数据的身影。事实上,两者的关系就像是发动机和燃料,谁也离不开谁。人工智能(artificial intelligence,AI),是一种模拟人类智能思维的计算机系统。它能够学习、推理、解决问题,以及适应不同的环境。而大数据(big data)通俗来讲便是海量的、多维度的、多形式的数据。人工智能通常需要大量的数据样本进行学习和优化,而大数据为其提供了充足的数据来源,通过对海量数据的学习和分析,人工智能系统可以发现数据中的模式、规律和趋势,从而实现智能化的决策和预测。可以说,大数据为人工智能真正注入了"智能"。这两项新兴科技的结合应用在不同领域,让数字贸易焕发出前所未有的"智"变。

机器学习(machine learning,ML)是人工智能的一个重要分支,也是连接人工智能和大数据的桥梁。其核心思想是让计算机系统从数据中学习进而提升性能,而不需要明确的编程。这就像是给机器一双慧眼,让它从数据中发现规律。智能推荐系统正是机器学习和大数据应用于数字贸易的经典案例。在这个快节奏的数字零售世界中,跨境电商平台就像是繁华的市集,商品琳琅满目,用户是这场盛宴中的主角。机器学习的魔法则在于,它通过分析用户的购买记录、浏览历史和搜索关键词等行为数据,细致描绘出用户的喜好画卷,精准捕捉用户的兴趣点,推荐符合其口味的商品。比如,某个热衷健身的用户,系统会通过机器学习算法精准识别,为其量身定制推荐健身用品,如运动装备、健康食品等,悄然洞悉着用户的心声,打造独一无二的购物盛宴。通过机器学习技术,数字贸易正呈现出更加个性化、智能化的一面,为用户带来了更便捷的购物体验。

然而,机器学习只是人工智能的冰山一角。深度学习(deep learning,DL)通过模拟人脑的神经网络结构,让计算机能够处理更复杂的任务。这项技术在图像识别、语音识别等领域取得了巨大的成功,但同时深度学习模型的训练对数据的规模提出了更高的要求。例如,在电子商务中,对商品图像进行分类和识别,通常需要收集包含成千上万个商品样本的大规模数据集,这些数据集需要覆盖不同种类、品牌和型号的商品,以确保模型的泛化能力和准确性。基于深度学习模型,人工智能能够模仿人类视觉系统,从图像或视频中提取有用信息,即具有机器视觉(computer vision,CV)能力。在数字贸易的航道上,许多跨国贸易公司正借助人工智能机器视觉技术构建智慧物流体系。这项技术使人工智能模型具备了识别商品特征、品牌和类型的本领,电子商务平台实现了自动化库

存管理、订单处理的梦想。不仅如此,这项技术还助力货物的运输和仓储管理,自动识别货物、检查包装完整性,有效优化货物存储和分配,为数字贸易注入了更多便捷、高效的力量。

除了基本的学习能力,人工智能还展示了强大的自然语言处理(natural language processing,NLP)能力。自然语言处理是让计算机理解、解释和生成人类语言的技术。在客户服务领域,聊天机器人(chatbot)的应用已经成为一种趋势。这种智能程序可以与用户进行自然语言交互,解答问题、提供服务,不间断工作。许多国内的跨境电商企业很早便引入了聊天机器人。用户在平台上可以通过与智能客服助手进行语音或文字交流,以此来获取关于商品的详细信息、订单状态、物流查询等服务。智能客服助手能够处理大量用户的咨询,为用户提供快速、准确的回答,解决常见问题,同时具备适应性,能够理解不同表达方式,使得用户体验更加自然和高效。这种智能客服助手的引入,不仅提高了平台的客户服务效率,还为用户提供了更加个性化、贴近实际需求的服务体验。同时,通过分析用户与智能客服助手的交互数据,平台还能更好地了解用户需求,提供个性化的商品推荐,促进销售。更进一步,2022 年 Open AI 公司推出的聊天机器人程序(chat generative pre-trained transformer)正是一种深度学习模型在自然语言处理领域的最新应用,其能够为数字贸易注入怎样的新活力仍可拭目以待。人工智能相关概念关系如图 4 所示。

综合来看,大数据和人工智能技术将为国际贸易带来更加智能化、个性化和高效化的变革:

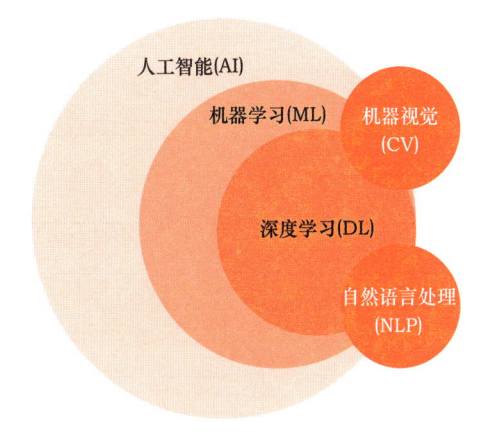

图4 人工智能相关概念关系

智能化决策支持。大数据和人工智能技术可以帮助企业收集、存储和分析海量的贸易数据,包括市场趋势、产品需求、供应链信息等。结合人工智能技术,企业可以利用这些数据来进行智能化的决策支持,包括供应链优化、市场预测、价格定价等方面,从而更加灵活、高效地应对市场变化。

个性化定制服务。基于大数据分析和人工智能算法,企业可以更好地了解客户的需求和偏好,实现个性化定制服务。通过个性化的产品推荐、定制化的营销活动等方式,企业可以更好地满足客户的需求,提高客户满意度和忠诚度。

优化供应链管理。大数据和人工智能技术可以帮助企业实现对供应链的实时监控、预测和优化。通过分析供应链数据,企业可以及时发现并解决潜在的问题和突破瓶颈,提高供应链的效率和可靠性。同时,人工智能技术还可以应用于供应链规划和预测,帮助企业更好地应对需求波动和市场变化。

降低交易成本。大数据和人工智能技术可以帮助企业降

低交易成本,包括信息成本、物流成本等。通过优化供应链和物流网络,企业可以实现货物的快速、安全地运输,降低物流成本。同时,大数据技术还可以帮助企业实现更高效的信息管理和沟通,降低信息交流的成本。

智能化风险管理。大数据和人工智能技术可以帮助企业实现智能化的风险管理。通过分析海量的市场数据和风险指标,企业可以及时发现并应对市场风险和信用风险,降低贸易风险。同时,人工智能技术还可以应用于反欺诈和反洗钱等方面,帮助企业保护贸易安全。

然而,人工智能的应用并非没有挑战。人工智能系统需要处理大量敏感信息,尤其是在数字贸易之中,大量数据跨境流动。因此,确保数据的安全性和合规性成为不可忽视的任务。

随着数字贸易的不断发展,人工智能的应用也将更为广泛。未来,我们有望看到更多企业通过人工智能实现供应链的智能化、数字贸易的个性化服务。这将为数字贸易带来更多的智慧变革,推动着我们的商业和生活进入一个全新的智能时代。

➡➡ **云计算——让计算触手可及**

云计算是一种基于互联网的计算模型,通过共享的计算资源(包括计算能力和网络资源等),提供灵活、可扩展、按需获取的计算服务。在云计算中,用户无须拥有和维护实际的硬件设备,而是通过互联网远程访问云服务提供商的资源,以满足计算和存储需求。

基于云计算模型提供的一系列计算服务被称为云(计算)服务。一方面,云服务是一种典型的数字贸易服务;另一方面,云服务在数字贸易中发挥着关键的辅助作用,为企业提供了弹性的技术基础,支持数字化业务的快速发展。

云服务主要分为三种类型,分别是基础设施即服务(infrastructure as a service,IaaS)、平台即服务(platform as a service,PaaS)、软件即服务(software as a service,SaaS),用户可以根据需要选择并使用这些服务,而无须关注底层的硬件和软件基础设施。云服务使用户能够以更灵活、经济高效的方式进行计算、存储和数据处理,实现资源的按需获取和使用。接下来我们将逐一介绍这三种云服务类型:

基础设施即服务。以前公司要搭建信息系统,基础设施从哪里来呢——需要自己搭建机房、服务器、网络及配套设施。就好比我们自己建房子,需要自己买土地,买材料,设计房子结构等。但现在通过 IaaS 服务,企业不再需要"建房",只要"租房"就行了。

平台即服务。以前公司在自己搭建好信息系统之后,还要自己搭建操作系统、配置环境。就好比我们盖好房子之后还要自己装修房子,那现在云服务供应商表示,大家不用自己装修房子了,云计算能提供装修服务,大家直接买我们的 PaaS 服务就好了。

软件即服务。以前公司在把操作系统、环境配置好之后还要自己开发应用软件。就好比新房子硬装完成后还要进行软装,配备休闲娱乐设施、运动健身设施等,那现在云服务供

应商表示，这些应用设施我这儿都有现成的，大家可以直接租用。

综合来看，在数字贸易的浪潮下，云计算的广泛使用将为传统贸易带来以下变革：提高效率，云计算可以提供强大的计算能力和存储空间，帮助企业处理大量的贸易数据，从而提高决策效率；降低成本，云计算采用按需付费的模式，企业无须投资昂贵的硬件设备，可以根据实际需求灵活地使用云服务，从而大大降低了互联网技术成本；提高灵活性和可扩展性，云计算可以快速地调整资源，以满足业务需求的变化。这对于需要应对市场变化的国际贸易公司来说非常重要；促进创新，云计算提供了一个开放的平台，使得企业可以更容易开发和部署新的应用和服务，从而推动创新。

在数字贸易的浪潮中，云计算为企业提供了高效、灵活、智能的服务。它不仅让企业在经营中有更多腾挪的余地，也让商业世界和贸易活动更加灵动和富有活力。

➡➡ 物联网——让连接无处不在

在数字贸易的大舞台上，物联网（internet of things，IoT）就像一名探险家，身着酷炫的探险装备，带着一颗勇敢的心踏上了新的征程。它穿行于城市的街道上，踏着律动的节奏，将小小的传感器装置安放在交通路口、垃圾桶旁，甚至是市民的智能家居中。这些传感器就像其眼睛和耳朵，时刻感知着城市的脉搏，记录下每一个微小的变化。

物联网，通俗地讲，是指通过互联网将物理设备和对象连接起来，实现彼此之间的信息共享和互动，我们可以通过以下几个场景观察其在生活中的应用：

一家物流公司正焦头烂额地应对着货物运输的多种挑战。而在这时，物联网以其魔法般的力量，将一枚神奇的传感器嵌入到每一件货物中，仿佛给它们赋予了生命。于是，货物就像是拥有了自己的导航仪，自动记录自己的位置、温度、湿度等信息，并及时报告给"企业主人"。这样一来，"企业主人"就可以轻松地掌握货物的行踪，做出合理的运输决策。

一家超市正迎来了周末的购物高峰期，通过物联网，每一个商品都有着自己的数字身份，通过射频识别技术实时更新着库存信息。于是，当顾客拎着购物篮逛过货架时，物联网就像是一名隐形的导购员，轻声地向他们推荐着新鲜、优惠的商品。

一座城市正面临着交通拥堵、环境污染等难题时，物联网为城市管理者提供着丰富的信息宝藏。交通路口的传感器实时监测着车流量，为智能交通系统提供了准确的数据支持；城市公园的传感器记录着空气质量、垃圾桶的使用情况，为城市管理者提供了精准的环境数据……城市管理者根据这些数据，制定出更加科学、更加人性化的城市规划，让城市变得更加宜居、更加美好。

在数字贸易和数字经济的大潮中，物联网成为企业数字化转型的助推器。通过将传感器和物理设备与云计算、大数据分析相结合，企业可以实现对生产、物流等环节的全面监控和管理。这种全面连接和智能化的生产方式不仅提高了效率，还促进了创新和差异化竞争。

然而，物联网的应用也面临一些挑战，如网络安全问题和

隐私保护问题。随着连接设备的增加,保障数据的安全性变得尤为重要。同时,对于用户数据的合规处理也需要得到更加严格的关注。

总体而言,物联网作为数字贸易的关键技术之一,不仅在提高效率、降低成本方面有显著的优势,更在塑造新的商业模式、提升用户体验方面发挥了深远的作用。未来随着技术的不断进步,物联网将继续成为数字贸易中不可或缺的力量,推动着商业的智能化和可持续发展。

数字贸易在"一带一路"中表现如何？
——它不负众望

夫而不可失者，时也；蹈而不可失者，机也。

——苏轼

▶▶ 中国与"一带一路"共建国家的数字贸易情况

➡➡ 前景广阔——"一带一路"贸易插上"数字"翅膀

2013年，国家主席习近平分别提出了建设"新丝绸之路经济带"和"21世纪海上丝绸之路"的两个合作倡议，这是现代"一带一路"政策的开始。随着数字经济的兴起和发展，我国"一带一路"数字贸易的相关政策也在不断推进和完善。2015年，国家发展和改革委员会、外交部、商务部联合发布了《推动共建丝绸之路经济带和21世纪海上丝绸之路的愿景与行动》，提出了要"提高国际通信互联互通水平，畅通信息丝绸之路"，这也是首次提出了"数字丝绸之路"的概念，并在此后成为共建"一带一路"的重要组成部分。2016年，中国商务部为深入推进"一带一路"经贸合作，同智利外交部签署了首个

双边电子商务领域合作的谅解备忘录,"丝路电商"自此诞生,成为"一带一路"倡议中的国际合作新平台。2017年,习近平主席在首届"一带一路"国际合作高峰论坛上提出,要"坚持创新驱动发展,加强在数字经济、人工智能、纳米技术、量子计算机等前沿领域合作,推动大数据、云计算、智慧城市建设,连接成21世纪的数字丝绸之路"。在随后的《"一带一路"国际合作高峰论坛圆桌峰会联合公报》中,又一次提到了要"支持电子商务、数字经济、智慧城市、科技园区等领域的创新行动计划,鼓励在尊重知识产权的同时,加强互联网时代创新创业模式交流"。2020年,习近平主席在第十七届中国-东盟博览会和中国-东盟商务与投资峰会开幕式上的致辞中提出建设中国-东盟信息港,打造"数字丝绸之路"。2023年,国务院新闻办公室发布了《共建"一带一路":构建人类命运共同体的重大实践》白皮书,书中显示,中国正在积极建设"数字丝绸之路"。

相比于传统的"一带一路"贸易,"数字丝绸之路"将数字基础设施、数字技术等与"一带一路"进行了有机结合,是中国在数字经济时代提出的推动全球共同发展的重要举措,也是中国将古代丝绸之路现代化的重要支撑。在数字经济时代,数字经济的发展不仅能够帮助加速产业转型升级、增强产业自主创新,还能够参与城市基础设施的优化,改善人民生活水平,增进民生福祉。"数字丝绸之路"的构建包含了大量的技术项目,有助于"一带一路"国家提高数字基础设施水平,缩小数字鸿沟,是中国与"一带一路"国家发展和深化两国关系的过程中不可或缺的一部分。

➡➡ 哪些国家表现突出?

自2013年习近平主席提出"一带一路"倡议以来,我国与"一带一路"共建国家的合作取得了长足进展,推动了"一带一路"建设行稳致远。近年来,我国数字经济规模快速增长,在5G、云计算、人工智能、大数据、物联网等新兴技术领域积累了较强的优势,为数字贸易的发展提供了重要支撑。同时,世界范围内对医疗、教育、零售等传统领域的数字化需求爆发式增长,我国与"一带一路"共建国家的数字贸易迅速发展,涌现出一些数字贸易额较大、贸易水平较高的国家。"一带一路"共建国家与中国的数字贸易合作大多呈现良好的发展态势,其中新加坡、俄罗斯、马来西亚、印度和泰国五个国家在"一带一路"数字贸易中表现突出。

❖❖ 新加坡

拥有"狮城"美誉的新加坡,不仅风景优美、景色宜人,而且在数字贸易发展方面也表现突出。

新加坡作为亚太地区数据中心枢纽,通信业基础设施发展较完善,拥有世界一流的网络基础设施,宽带覆盖广泛,网速快,网络稳定可靠,也是5G技术的早期采用者之一。新加坡互联网用户众多,互联网普及率超过90%,消费市场广阔。此外,新加坡还建立了多个数据中心和云计算中心,拥有强大的数据存储和处理能力,为数字贸易的发展提供了高效的通信和连接。作为外贸驱动型经济,新加坡服务业发达,电子商务领域蓬勃发展,用户众多,对经济增长贡献突出。新加坡在数字贸易领域的实力和潜力,展现了其在数字经济舞台上的重要地位和影响力。截至2023年底,中国连续11年成为新

加坡最大的贸易伙伴之一,新加坡也是中国最大的投资来源国之一,在数字贸易上,两国合作前景广阔。

❖❖ 俄罗斯

近年来,中俄在政治、经济、文化领域交流频繁,务实合作取得丰硕成果,俄罗斯数字贸易整体表现优异。

2023年,中俄双边贸易额再创新高,约为2 401亿美元,突破了2 000亿美元的门槛,中国连续13年稳居俄罗斯第一大贸易伙伴国,俄罗斯在中国贸易伙伴国别排行榜上升至第四位。截至2024年4月,双方已经建立163对友好城市及省州、数十对经贸结对省州,友好城市数量遥遥领先,表明了中俄双方重视国家间的文化交流和文化关系,为数字贸易的发展营造了良好的氛围。这些数据彰显了中俄经济合作日益紧密,为双方数字贸易合作注入了更多机遇和潜力。

❖❖ 马来西亚

马来西亚是古代海上丝绸之路的重要国家,也是最早响应"一带一路"倡议的共建国家之一。在"一带一路"建设过程中,马来西亚与中国开展深入合作。

近年来,随着信息技术的快速发展,马来西亚政府致力于推动数字经济和创新领域的发展,包括人工智能、大数据、物联网等。为此,马来西亚推出全国电子商务策略路线图2.0和数字经济蓝图——"数字马来西亚",加强政策实施和监管,改善电子商务生态环境,推动电子商务发展,为数字经济和数字贸易的发展提供了便利。同时,马来西亚拥有庞大的年轻消费群体,更加青睐高科技产品,能够快速接受传统产品和服务的数字化转型，这为数字贸易的发展奠定了良好的基础。2023年，中马双边贸易额约为951亿美元，占马来西亚贸易总额的17.1%。中国是马来西亚最大的进口来源地之一，占马来西亚进口总额的21.3%。至此，中国连续15年成为马来西亚最大的贸易伙伴之一，马来西亚是中国在东盟的第二大贸易伙伴和第一大进口来源国，双方经贸合作势头强劲。

❖❖ 印度

与中国同为四大文明古国的印度，不仅历史文化悠久，而且在数字贸易领域展现出巨大的潜力。

近十年来，印度经济呈现出稳健增长的态势，国内生产总值年均增长率达到5.7%，2022年超过英国，成为世界第五大经济体，国内生产总值为3.42万亿美元。2023年，中印贸易总额达到了1 362亿美元，达到历史新高，中印双方致力于携手构建更加全面、紧密、务实、包容的高质量伙伴关系。印度的数字贸易的发展得益于庞大的人口基数和高等教育水平的提升。印度现有8 000多所大学级机构，特别是在理工科教育方面实力雄厚，高等教育毕业生数量庞大，英语普及率高，有利于国际合作与分工。相比于制造业，印度服务业实力更为雄厚，尤其是信息技术、商务等知识和资本密集型服务业，对国民经济总增加值的贡献率超过55.0%，成为印度创造就业、创汇和吸引外资的重要部门。服务业的发展不仅为印度的经济增长提供了坚实支撑，也推动了数字贸易领域的进步。

❖❖ 泰国

泰国是中国在亚洲的重要贸易伙伴，关系友好。

中国和泰国缔结了41组友好城市和省府,在2024年共同推动了互惠免签证计划,进一步加强了文化交流。泰国致力于数字化转型,营商环境良好。2021年,中国人民银行与泰国银行续签了双边本币互换协议,促进以本币结算的贸易和投资,加强两国金融合作,推动跨境贸易往来。为了建设"数字泰国",泰国政府一直致力于推动各行业数字化转型和数字经济发展,以提升国家竞争力。中国银行、中国工商银行、国家开发银行、中国进出口银行等均在泰国开设分行或工作点,为中泰重大合作项目提供融资贷款服务。2023年,中国继续保持与泰国最大的贸易伙伴关系,也是泰国最大的进口来源国之一和第二大出口市场,这种密切的经贸合作关系有助于促进双方经济的发展和繁荣。

▶▶ 中国与"一带一路"共建国家的数字服务贸易情况

近年来,数字丝绸之路蓬勃发展,数字服务贸易成为共建"一带一路"的重要组成部分,展现了强大活力和韧性,它让国家之间能够更加便捷地交流、合作和发展。比如,当你在手机上下载一款来自其他国家和地区的应用程序,或者在网上购买一本电子书,你其实就是在参与数字服务贸易。

数字丝绸之路和数字服务贸易,不仅促进了国家之间的经济发展,还加深了彼此之间的友谊和合作。这也体现了中国作为一个负责任的大国,积极推动全球经济共同发展的责任和担当。

➡➡ 数字服务贸易结构持续优化向好

近年来,中国和"一带一路"共建国家的数字服务贸易结构持续向好。我们通过分析数据可以发现,在这个数字贸易的世界里,热门的服务包括电信服务、计算机服务和信息服务。

电信服务的蓬勃发展意味着我们的手机、电脑和互联网在这个过程中扮演了非常重要的角色。比如,你可以用手机和朋友视频通话,分享生活、思想和感受。这就是电信服务的魔力!

接下来,让我们谈谈计算机服务和信息服务。在数字世界里,计算机服务不仅仅是指硬件设备,更多的是指软件开发、网络安全维护等领域。想象一下,当你在电脑上运行一个程序或者使用一个应用程序时,背后其实是一群计算机服务人员的辛勤工作,确保这一切运转良好。而信息服务则是指通过互联网获取、处理和传播信息的服务。比如,你可以在网上搜索一些资料、阅读新闻或者观看视频,这都是信息服务的一部分。通过计算机服务和信息服务,我们能够更加高效地处理信息,拓展知识,让生活变得更加便利和丰富。

除此之外,还有一些其他的服务在"一带一路"中也备受欢迎,比如知识产权使用费、保险和养老金服务、金融服务及个人文娱服务。这些服务不仅关乎我们的个人生活,还对整个社会有着深远的影响。比如,保险服务可以帮助我们保护财产,金融服务则促进了经济的发展。

➡➡ "中国式"数字服务贸易展望

2023 年,习近平主席在中国国际服务贸易交易会全球服务贸易峰会上指出:"我们将拉紧互利共赢的合作纽带,加强

同各国的发展战略和合作倡议对接,深化同共建'一带一路'国家服务贸易和数字贸易合作。"这就是"中国式"数字服务贸易战略的愿景,目标是促进各类资源要素的跨境流动便利化,培育更多经济合作增长点。

近年来,我国正以更高水平开放激发服务贸易活力：正式实施海南自贸港跨境服务贸易负面清单；启动国家服务贸易创新发展示范区建设；加入《区域全面经济伙伴关系协定》(RCEP),新增22个开放服务部门,提高了37个服务部门的开放水平等,让更多的"一带一路"国家看到了中国服务大市场的巨大商机。

未来,我们将会见证更多"中国式"数字服务贸易的创新,助力我们走向更美好的明天！

▶▶ 中国与"一带一路"共建国家的跨境电商情况

跨境电商在"一带一路"框架下充分发挥中国电子商务应用技术、创新模式和市场规模等优点,积极推进电子商务国际合作。通过跨境电商,国际经贸合作的新空间得到了大大拓展,有利于加快构建国际规则体系,促进数字经济建立新的发展模式,促进"一带一路"发展,共同推动国家数字经济发展。

2015—2023年,中国跨境电商进出口额统计显示,中国跨境电商进出口额逐年增长,见表1。

《2023跨境电商行业年度报告》显示,2023年全球B2C跨境电商市场价值达到数万亿美元。其中,我国跨境电商行业

表1　　　　2015—2023年中国跨境电商进出口额统计

年份	中国跨境电商进出口额/亿元	年份	中国跨境电商进出口额/亿元
2015	360.2	2020	16 900.0
2016	499.6	2021	19 237.0
2017	902.4	2022	21 100.0
2018	1 347.0	2023	23 800.0
2019	1 862.1		

数据来源：国务院

快速发展，为对外贸易注入新动力，成为拉动我国经济增长的新引擎。海关数据显示，2023年我国进出口总值41.76万亿元人民币，外贸运行总体平稳，四季度向好态势明显。跨境电商为国家共享市场提供平台，为资源共享互惠提供渠道，助力释放消费创新需求意愿。跨境电商以提供国际化商品资源，扩大国内市场供给，丰富商品品类，激发消费需求，释放消费潜力，为国内供给走出国门提供优质平台。

跨境电商国际合作促进优质特色产品的进出口贸易，拓宽"一带一路"市场空间。跨境电商打破了传统贸易的地域限制，使企业能够直接面对全球市场。企业可以通过跨境电商平台向世界销售产品，开拓新的市场空间。无论是小企业还是大企业，都可以利用跨境电商的优势，将产品推广到世界，获得更广阔的商机。同时，中国积极发展"丝路电商"国际合作，通过举办专区销售、直播基地、线上国家馆和多平台联动等方式，拓宽货物贸易渠道，促进"丝路电商"伙伴国优质特色产品对接中国市场。我国也积极出台相关政策鼓励、支持海外平台与我国城市建立合作关系，实现互利共赢。

跨境电商建立电子商务合作机制有利于共同开展"一带一路"政策沟通和规划对接。中国与伙伴国定期举办电子商务工作组会议,开展数字政策沟通交流,增进彼此对双边国际数字贸易规则、国内电子商务法律法规的理解,探索符合共同利益的国际数字贸易规则。例如,自2017年以来,中国郑州连续举办了七届全球跨境电子商务大会,为中国与伙伴国的数字合作搭建起政策沟通平台。

跨境电商国际合作为不同国家和地区的文化交流提供了平台,推动"一带一路"深入发展。企业可以通过跨境电商更好地推广我国的优秀文化和产品,吸引国外消费者的注意力。同时,还为企业提供了与海外供应商、合作伙伴和消费者密切合作和沟通的机会,促进了国际经济合作和友谊。

跨境电商国际合作为创新发展提供驱动力,促进技术、人才等要素交流。跨境电商平台借助互联网、大数据、人工智能等技术提供精准的营销推广、个性化的用户体验和高效的物流配送。这不仅提高了企业的竞争力,也给消费者带来了更加便捷、优质的购物体验。电子商务合作备忘录的签署增进了双方对彼此数字政策的理解,为两国数字企业相互开展数字技术投资和贸易活动奠定了制度基础。在"丝路电商"国际合作机制下,两国企业积极展开人工智能、区块链等新技术交流,探索移动支付、物流服务等领域合作。

跨境电商国际合作更好地展现中国开放合作的决心。近年来,中国数字化水平和能力不断提升,电子商务市场持续繁荣,越来越多的国内商品走入国际市场,展现中国全面开放、互利共赢的决心和信心。历届中国国际进口博览会上,"丝路电商"伙伴国以此为窗口,专门设立国家馆,展示自身具有特色和高科技含量的产品,迅速上线跨境电商平台,获得了巨额的中国订单。

跨境电商国际合作有利于推动我国经济转型。虽然近年来我国外贸市场面临一些挑战,但跨境电商发展仍然进入了快车轨道,可见通过促进跨境电商的发展,能够为我国经济发展创造新的增长点。以往我国跨境电商市场以欧洲与美洲地区为主,现在将市场逐步拓展到巴西、俄罗斯和印度等国家,尤其是制造业发挥的优势越来越显著,在上述市场的竞争优势比较明显。"一带一路"背景为跨境电商发展的市场开发奠定了有利基础。

"一带一路"倡议是我国新一轮对外开放、进一步实现经济全球化的重要举措。"一带一路"倡议的提出为我国跨境电商的发展创造了前所未有的发展空间,因此,跨境电商也迅速形成网上丝绸之路的雏形,成为"一带一路"亮点。

跨境电商是一片蓝海市场,是我国开展对外贸易的主要模式,尤其在"一带一路"倡议的背景下,更是为跨境电商的发展带来了新的发展契机和挑战,带动全球经济发展的同时提高了我国的综合实力和国际影响力。

数字贸易未来怎么样？
——创新与挑战并存

> 满眼生机转化钧，天工人巧日争新。
>
> ——赵翼

想象一下，你可以在几秒钟内从世界另一端的商店购买商品，而无须离开家门；或者，你可以与地球另一端的同事无缝协作，仿佛他们就在隔壁。这就是数字贸易的力量。在创新驱动下，数字贸易使得贸易生态更加智能、贸易模式更加智慧、贸易结算更加便利、全球治理制度更加完善。数字贸易迅速发展的同时伴随着数据泄露、隐私保护和公平竞争等问题的挑战。

2023年，国家主席习近平向第二届全球数字贸易博览会致贺信时指出："全球数字贸易蓬勃发展，成为国际贸易的新亮点。"当今世界，数字技术加速迭代，应用场景更加丰富，产业数字化、数字产业化不断演进，数字贸易成为推动全球贸易恢复发展的重要支撑。数字贸易的迅速发展不仅降低了交易成本，也提高了交易效率。因此，数字贸易已成为重塑全球价值链和全球经济贸易规则体系的变革力量，引起了世界的高度关注。在全球范围内迅速兴起的数字贸易，改变了国际贸易原有的发展模式，然而不完善的数字贸易规则不能匹配当前数字贸易迅速发展的实际，一定程度上制约了世界经济的持续、健康发展。它所带来的全球贸易规则的变革不仅仅是与传统贸易规则的较量，更是一场关乎未来全球政治经济话语权的争夺博弈。

技术革新和市场需求是数字贸易发展的两大推动力量。数字贸易是新一代信息通信技术革新背景下产生的新型贸易活动，其本质是产品和服务以数字化、智能化形式在市场主体间的高效流动。一方面，技术革新为数字贸易提供了支撑和基础，使得跨境贸易更加便捷、高效和安全。例如，云计算、大数据分析、人工智能等技术的应用，使得企业可以更好地管理和分析海量的数据，提高生产率和产品质量。另一方面，市场需求也是数字贸易发展的重要驱动力。消费者对于更便捷、更快速、更安全的购物方式的需求，推动了电子商务的快速发展。随着消费者对于个性化定制、高品质产品的需求不断增加，企业也需要不断提升技术水平和服务水平，以满足市场需求。

作为一种新的经济活动形态，数字经济和数字贸易增强了知识和信息的流动，有助于提高传统产业的生产率，促进经济增长，但是伴随它所具有的一些新特点也造成了一些新问题，带来了一些新挑战。比如，数据隐私泄露、网络安全维护、发达国家和发展中国家之间数字化水平差距拉大等备受关注的问题层出不穷，这不仅是对相关监管部门的挑战，也是企业生存所面临的挑战。

▶▶ 贸易生态更加智能

随着科技的不断进步和数字化的深入发展,贸易生态正朝着更加智能化的方向迈进。智能化贸易生态是指利用先进的技术和数据分析手段,实现贸易过程的自动化、智能化和高效化,从而提升贸易效率、降低成本,促进全球贸易的发展和繁荣。

➡➡ 智能决策与市场预测——AI 帮您做决定

也许大家会想要拥有一个神奇的助手,它能像你一样思考、学习和帮助你做许多事情,这就是人工智能(AI)。AI 就像一个非常聪明的机器人,它可以理解我们的需求,并用机器的速度和效率帮我们解决问题,它能分析海量数据,找出规律和趋势,帮助我们做出更明智的决定。目前,AI 在智能决策和市场预测中的应用越来越广泛。其中,机器学习和深度学习等技术为企业提供了强大的工具,可以帮助企业分析大数据、识别贸易模式及发展趋势,从而做出更加精准的市场预测和决策。

在不断增长的数据(数字)量和 AI 技术进步的推动下,当代社会生产决策越来越多地由自动化流程来执行。AI 的兴起与"机器学习"议题的勃兴,在很大程度上促进了自主决策系统的产生。自主决策系统可以看作人工智能的一个核心部分,凭借"机器算法",利用基于数据构建的预测模型,实现自主决策系统在非人类的自动化过程做出决策。做决策之所以困难就是具有不确定性,不确定性的特征是缺乏关于替代方案或其后果的信息,这就使得解释情况和做出决策变得更加困难。不确定性可能源于缺乏关于内部和外部组织环境的信息,例如人力资源短缺、颠覆性技术的出现、新的市场和竞争对手的出现,以及新的政府政策的实施,而 AI 和其他智能技术则可以通过概率和数据驱动的统计推断方法产生新的想法。AI 在识别许多因素之间的关系方面的独特能力,可以使人类决策者更有效地收集和处理新的信息集。市场预测对于企业是至关重要的,它可以为企业提供重要的参考信息,帮助他们了解市场趋势、消费者需求和竞争态势,有助于企业评估过去,从而能够更清楚地关注未来,企业因此能够更好地规划,更有效地利用资源、管理库存,保持竞争力,从而制定更加明智的决策,包括产品研发、合理定价、市场推广等;还可以通过预测市场变化和风险,让企业及时调整战略,从而降低经营风险和损失。AI 在市场预测中发挥着关键作用:第一,AI 可以处理大规模的数据,识别数据中的模式和趋势,从而帮助预测市场走势和消费者行为;第二,人工智能系统可以实时监测市场变化和更新数据,及时识别异常情况和风险,提供预警信息以支持决策;第三,基于机器学习和深度学习技术,AI 可以进行智能预测,帮助企业预测市场需求、竞争态势和价格趋势,为决策者提供重要参考;第四,AI 可以利用消费者行为数据和个人喜好,实现个性化推荐和定制化服务,提高消费者满意度和忠诚度。

  国内某电子商务公司,利用 AI、物联网和机器人技术,打造了高度自动化和高效的仓储系统。比如,通过 AI 算法和机器人手臂,自动分拣系统可以快速、准确地分拣和包装订单;利用 AI 算法来预测需求,从而提高库存水平,管理库存周转

通过 AI 算法对产品进行质量检查，自动检测缺陷，识别假冒产品，从而提高产品质量和增强消费者信心。

➡➡ 个性化的用户体验——打造独一无二的消费者旅程

一句语音，一个响指，甚至一个眼神，机器人就会为你递来饮品，放好热水，做好家务，照顾家人……无论是独居老人还是几口之家，一名赛博朋克味十足的家庭成员总是如此可靠且省心，这就是智能机器人为消费者打造的个性化服务。"用户体验"一词于 20 世纪 90 年代首次被提出，简单来说就是用户在使用产品或服务时感受到的整体体验，它包括用户与产品或服务互动时的许多方面。举个例子，想象此时你正在使用一款手机应用程序，如果你发现界面易于使用，功能强大，而且你的需求都能得到满足，那么你就会有良好的用户体验。

当前，消费者对于用户体验的要求越来越高，对个性化产品和服务的需求呈现出明显增长的趋势。消费者希望获得定制化、个性化的产品和服务，以满足其独特的需求和偏好。这种需求趋势主要受到以下几个因素的推动：第一，随着生活水平的提高和消费观念的转变，消费者对于个性化体验的需求不断增强，他们希望获得与众不同的产品和服务，展示自己的个性和品位；第二，在互联网和移动技术持续发展的推动下，消费者可以更方便地获取信息、表达需求，以及与企业进行互动，这使得企业能够更好地了解消费者的需求，为其提供个性化的产品和服务；第三，社交媒体平台和大数据技术的普及，使得企业能够更加深入地了解消费者的喜好和行为，通过分析海量数据,企业可以实现精准的个性化推荐和定制化服务。

对于产品的用户体验,不仅是客观的感知,还有用户体验的主观意愿、行为特征及生理反应。为了满足消费者对个性化产品和服务的需求,许多企业开始采用新技术。例如,利用人工智能、机器学习和大数据分析等,可以帮助企业分析消费者的行为数据、购买历史和偏好,从而实现个性化推荐和定制化服务,提高消费者满意度。以家庭清洁机器人为例,该产品在与大众生活息息相关的家庭清洁场景中引领式创新,针对不同场景需求,推出定位在室内场景的地面清洁消杀专家,能够综合洗地清洁和消毒除味等不同能力,实现全程无人操作的智能体验;聚焦在车库复杂场景,有效适用不同材质的地面之外,还能智能识别车位情况,识别清洗车道标记线、轮胎印等重点区域。在自动驾驶领域中,智能驾驶辅助系统通过人工智能的图像识别和语音识别技术,能够结合用户行为习惯,从而更精准地判断用户意图,实现人工智能化的立体智能推荐服务,如基于唇语和语音调节不同的车窗,基于情绪识别进行智能主动抓拍,基于注意力检测提供语音提醒服务等,都使得用户体验产生质的提升。新推出的某品牌智能电动汽车就配备了先进的自动驾驶系统,座舱搭载了 AI 语音助手,用户可以通过语音控制汽车的功能。在文化语言领域中,通过人工智能的植入,翻译机展现出了更多出色的性能,满足了用户的个性化翻译需求。在实时翻译这一方面,翻译机翻译速度更快,智能识别效果也更好,带给用户更畅快的翻译体验,覆盖近 200 个国家和地区,高达 59 种语言种类,让人放心无忧地走遍全球。

需要注意的是,在提供个性化体验的同时,企业也面临着数据安全泄露和隐私保护的挑战。收集和分析用户数据以实现个性化服务可能涉及大量敏感信息,如个人偏好、购买历史、地理位置等,因此企业需要认真考虑如何平衡个性化服务与用户隐私之间的关系。一方面,个性化服务可以提高用户体验、增强用户忠诚度,促进销售和业务增长。另一方面,企业在收集和使用用户数据时必须遵守相关法律法规,保护用户隐私和数据安全,一旦用户数据泄露或被滥用,将对企业声誉和信任造成严重影响。

▶▶ 贸易模式更加智慧

➡➡ 虚拟现实与增强现实在贸易中的应用

随着科技的不断发展,虚拟现实(Virtual Reality,VR)和增强现实(Augmented Reality,AR)技术已经开始在许多领域得到广泛应用,其中包括电子商务。VR和AR技术可以帮助消费者更好地了解产品,增强购物体验,同时可以提高企业的销售量和利润率。AR技术在贸易领域已经不再是一个新鲜事物,它的应用已经逐步渗透到许多领域,并且获得了许多成功。AR技术通过在现实世界中加入虚拟元素,带给用户更加实用和有趣的使用体验。

✥✥ VR、AR技术是什么?

想象一下,你正在市场上寻找一种新的设备,你并不会只想在网站或者目录里寻找,你更希望看看它是否适合你的工作场所。将虚拟物品或者其他的数字化产品带入到我们的日常生活中,这听起来像是科幻电影里的情节。但随着智能化的发展,人工智能已经一定程度上改变了我们的日常生活,其中 VR 和 AR 技术使得我们的贸易模式更加智慧。

VR 是虚拟现实技术,由纯虚拟数字画面构成,它是通过模拟现实场景来实现虚拟体验。具体来说,VR 技术通过高端的计算机设备和头戴式显示器等硬件设备支持,可以让用户进入一个虚拟的三维空间自由地控制虚拟环境,让用户身临其境地进行沉浸式交互体验。

AR 是增强现实技术,是虚拟数字画面和裸眼现实画面的结合,它是通过对现实世界的场景进行数字化处理,然后将虚拟的数字信息和现实场景相结合,呈现给用户的一种交互式增强现实体验。具体来说,AR 技术通过相机实时采集现实场景的图像,经过计算机处理后再输出虚拟图像,将虚拟图像与现实场景结合,通过手机、平板电脑等便携式设备,让用户实时感受到更真实、丰富的视觉体验,具有实时性和便携性特点。

❖❖ **VR、AR 技术在贸易中的创新与应用**

VR 和 AR 技术在电商领域中有着广泛的应用,可以帮助电商企业提升消费者购物体验,促进销售增长,提高用户黏性和忠诚度。

VR 技术构建虚拟商城,模拟实际商品细节,进行在线个性化设计。 目前,用户在网上购物,一般是通过网站,网站的表现形式十分有限,在固定的屏幕上,所展示的信息十分有限。而且,由于许多广告堆积,导致用户浏览网站十分不便,没有直观的体验,很难找到自己需要的东西。因此,利用 VR

技术可以让消费者进入虚拟商城或实景体验店,用户通过相应的电子设备,可以在虚拟商城中进行浏览,虚拟商城中的商店与产品可以模拟现实生活中的商城,通过虚拟现实技术进行购物,节约选择产品的时间。

用户想在电子商务平台购物,一般是通过浏览网站和使用手机软件这些方式,不论哪一种途径,在展示产品细节上不能面面俱到,因为他们仅能通过图片、文字、视频等描述产品信息,这种方式很难让用户感知产品的细节,当用户不清楚细节,在购物的时候,也许会不停询问客服,这是一个比较耗费时间的过程。但是,利用 VR 技术,可以在虚拟空间中,首先模拟现实中的用户模型,然后模拟现实中的产品,对产品的信息进行真实模拟,虚拟用户可通过多种互动方式,去了解虚拟产品的细节,以此决定是否购买。

在一些综合电子商务平台中,所售卖的产品有很多都是类似的,也就是具有相同属性,比如大小相同,外观相同,价格相同等,用户在这些电商平台上,很难买到个性化的产品。虽然有一些定制的产品,但往往都是一些简单的设计,比如添加图片和文字,对于一些复杂的设计则不能满足。因此,利用 VR 技术可以模拟用户与产品设计者,二人可以在虚拟环境中,进行深层次的交流,用户随时提出需求,产品设计者随时在线设计,如果有不满意的地方,那么即时提出改变,直至最终产品令用户满意。通过这种方式产生的产品,拥有很强的个性化,能够很好地符合用户要求。

AR 技术可以虚拟试衣、虚拟试戴、虚拟家居选购和增强现实体验。 AR 技术可以让消费者在不实际试穿衣物的情况下,通过手机或平板电脑进行虚拟试衣,让消费者更直观地感受到衣服的效果;可以让消费者进行虚拟试戴,如眼镜、首饰等,让消费者更客观地感受到佩戴效果;可以让消费者进行虚拟家居选购,如家具、装饰品等,让企业全方位展示产品的特点,并让消费者更全面地了解产品的使用方式,提高购物体验;可以让消费者增强现实体验,如在电子屏幕、海报等广告上使用AR技术,让消费者更加深入地了解产品特点,提高购买意愿。

✣✣ VR和AR技术在贸易应用中存在的问题与挑战

技术成本高,投资大。 虽然VR和AR技术的发展正在以迅猛的速度前进,但仍然是比较新的技术,需要巨大的研发和投资成本。这些技术需要高性能的硬件、软件和服务器,而且需要专业的技术人员来维护和更新。同时,VR和AR技术也需要高度的用户参与度和互动性,这也带来了更多的技术要求和挑战。VR和AR技术在展示商品时需要实时渲染大量的三维图像和场景,这对于技术方面的要求非常高,也需要更高的计算能力和更快的网络速度来实现。此外,VR和AR技术的开发和维护也需要大量的时间和资源。尽管有一些第三方软件和工具可以帮助电商企业实现VR和AR技术的应用,但是针对特定业务需求的定制化开发仍然需要大量的人力、物力和财力投入。由于VR和AR技术需要消耗更多的带宽和计算资源,这也就意味着电商平台需要投入更多的资金来进行技术升级和设备更新,这对于小型电商平台来说可能会是一个较大的经济负担,从而限制了这些平台的应用能力。

使用门槛高,用户体验度差。对于普通消费者来说,使用这些技术的门槛还是比较高的,需要有一定的技术知识和操作技巧,同时需要具备相应的硬件设备和软件支持。由于 VR 和 AR 技术在电商领域的应用比较新颖,有些平台可能并不完全适应这些技术的应用,从而导致用户在使用过程中可能会出现一些问题,如卡顿、延迟等,这也会对用户体验造成一定的影响。

监管力度不够完善,导致用户隐私泄露。为确保交易服务的监管、消费者权益的保护和电子支付环境的安全,需要建立一个安全的环境。然而,当前电子商务领域的监管仍是一个难题,信息造假问题难以控制,安全性仍存在疑虑。VR 和 AR 技术的应用在贸易中也存在着隐私泄露的风险。例如,VR 技术可能记录用户的行为轨迹、交易记录等隐私信息,AR 技术也可以收集用户的位置信息、购物偏好等个人数据。如果这些个人信息被泄露,那么将会给用户带来不可估量的损失和风险。

❖❖ VR 和 AR 技术在贸易应用中问题的解决措施

降低技术成本。采用云服务:VR 和 AR 技术的运作需要大量的计算资源和存储资源,这些资源的成本很高。云服务可以为企业提供优惠的计算和存储资源,从而减少技术成本。采用开源技术:VR 和 AR 技术的开发需要高水平的技术人员,这也是技术成本高的原因之一。开源技术可以提供一些基础的开发框架和工具,从而降低开发成本。采用模块化设计:VR 和 AR 技术的开发可以采用模块化的设计,将不同的功能模块分开开发,从而降低开发成本。这样的设计也可以提高开发效率，缩短开发周期。采用跨平台技术：VR和AR技术需要在不同的设备上运行，这意味着开发人员需要为不同的平台开发不同的软件。跨平台技术可以提供一种通用的开发框架，从而降低开发成本。

提高用户体验度。优化技术性能：增加画面清晰度，提高稳定性，降低延迟等，使用户能够更加流畅地使用VR和AR技术。设计友好的用户界面：VR和AR技术的用户界面需要考虑到用户的交互方式和使用习惯，尽可能简化操作流程，使用户能够快速上手并享受到便捷的体验。提供个性化服务：通过分析用户的行为和偏好，为其推荐符合其喜好的产品，以及根据用户的反馈和建议，不断改进和优化产品和服务。加强用户教育：向用户提供有关VR和AR技术的相关知识和使用技巧，使其更好地理解和掌握这些技术，从而更好地享受到使用它们带来的乐趣和便利。加强售后服务：提供及时的技术支持，解决用户在使用过程中遇到的问题，提高用户对VR和AR技术的信任度和满意度。

加强监管保护用户隐私。在VR和AR技术的应用中，需要加强对用户隐私的保护，采取措施防止信息被非法获取和利用。这包括建立完善的用户数据安全管理机制，规范VR和AR技术应用中的数据收集和使用行为，以及加强技术安全措施，保障用户的隐私安全。同时，相关监管部门应加强对VR和AR技术的监管和管理，对侵犯用户隐私的行为进行严厉打击，确保电子商务环境的安全和稳定。加强监管保护用户隐私是解决VR和AR技术在电子商务领域应用问题的重要措施。为了保护用户隐私，电商平台需要建立完善的隐私

保护机制，包括合规的数据收集、使用、存储、共享和销毁等流程，遵守相关法律法规，如《中华人民共和国网络安全法》等。此外，电商平台需要提供用户隐私保护的可操作性选项，如数据收集、共享、公开等权限设置，以及用户数据保护的加密技术和安全存储机制。同时，加强用户教育和宣传，提高用户对隐私保护的意识和重视程度，让用户在使用 VR 和 AR 技术的过程中更加谨慎和警觉。

➡➡ 人工智能在供应链管理中的角色

人工智能可以应用于整个供应链中。航运公司使用物联网设备来收集和分析运输货物的数据，并跟踪车辆和相关运输工具的机械健康状况和恒定位置。面向客户的零售商使用人工智能来更好地了解他们的关键用户数据，以便更好地预测用户未来的行为。这样的例子不胜枚举——只要有货物需要从 A 点运输到 B 点，人工智能就很有可能被用来增强、优化和分析供应链运输。

人工智能在供应链管理中的应用备受人们关注。供应链管理的目的在于通过对物流和信息流通等环节的不断优化，提高供应链的运转效率及降低企业的采购成本。然而，传统的供应链管理存在一些不足，如响应速度慢、决策过程复杂、需求不确定，以及信息不对称等。而作为新兴技术的人工智能，拥有着庞大的数据库作为支持，同时拥有着更强的数据分析与决策优化能力，为提升供应链管理水平，确保企业获得高质量发展带来了新机遇、新挑战。

✧✧ 人工智能的定义与发展

人工智能是以计算机科学为基础，融合了计算机、心理学、哲学等多个学科的交叉学科。人工智能是推动新一轮的产业变革和科技革命的核心驱动力。人工智能的技术核心主要包含自然语言处理、机器学习和深度学习等,它们有着更多的应用场景,也是未来重点的发展方向。

自然语言处理是以语言为对象,利用计算机技术来分析、理解和处理自然语言的能力。通俗来讲,就是计算机可以像人类一样拥有对文本进行处理的能力,主要应用于机器翻译、自动摘要、观点提取、文本分类及问题回答等方面。而在供应链管理中,此项技术能够自动识别出文档中所提到的供应商名称、交付时间、交付地点、配送方式与价格等关键信息,或将合同中的有关条款制作成表格以便人们查阅。

机器学习的根本目的是使用计算机作为工具,并致力于不断模拟人类的学习方式,将现有内容进行知识结构划分来提高学习效率,以获取新的知识与技能,不断改善自身性能。它的应用非常广泛,其中数据分析与挖掘可以为供应链管理提供更好的服务。在进行决策前,数据挖掘可以帮助企业进行供应源搜寻,随后对这些数据进行分析,挑选出信用好、符合5R原则的供应商。

深度学习是机器学习领域中的一个新的研究方向,是一个更加复杂的机器学习算法。其目标与机器学习大体相同,是让机器能够拥有像人类一样的分析学习能力。深度学习应用在供应链管理中的表现也与机器学习类似,但是由于学习的层次更加深入,分析出的结果能够提供更加准确的预测及更加合理的优化建议,达到帮助企业优化供应链管理的目的。

❖❖ 人工智能在供应链管理中的应用

人工智能在供应链管理中拥有广泛的应用前景，无论是供应链的前期规划设计，还是供应链执行过程中的环节与协同配合，都可以由人工智能代替人类完成工作。在人工智能的帮助下，企业能够更好地提高供应链的管理效率，降低成本。

人工智能在供应链规划中的应用。人工智能可以为供应链的前期规划提供很大帮助，其中需求预测与分析、仓储优化管理及运输路线优化三个方面效果尤为显著。需求预测与分析方面，人工智能可以通过对市场上的历史数据进行深入分析，并结合其他有关因素进行市场上的销售趋势预测，综合判断出产品的需求。通过对产品需求的判断，企业可以进行更精确地规划，帮助企业更合理地安排生产计划、库存管理与运输配送，来满足市场的需求。仓储优化管理方面，人工智能通过分析销售与供应链的数据，以及对市场趋势的预测，可以帮助企业优化库存管理。同时，人工智能配合物联网、大数据技术可以对库存进行分类管理，实现仓储管理的可视化、精确化。这样一来，企业可以在极大程度上降低库存不足或是积压所产生的风险，提高仓库与资金的利用率，降低使用成本。运输线路优化方面，人工智能经过收集、汇总运输线路相关的交通数据，结合订单信息与运输网络，分析得出合理的运输路线与方式，帮助企业提高运输效率，保障了货物运输的时效性。另外，人工智能与物联网技术相互配合，可以实时监控货物运输过程，规避潜在的问题与风险。同时，提供实时的相关数据，给企业调整与决策提供依据。

人工智能在供应链执行中的应用。人工智能不仅在规划中可以为企业提供帮助，还可以在整个执行过程中作为有力的技术支撑，特别是订单管理、质量控制及风险预防三个方面。订单管理方面，人工智能可以通过对订单信息中的关键词进行提取分析，及时做出反应，实现自动化订单处理。通过自然语言识别技术及机器学习或深度学习算法，对订单信息进行验证并做出相应处理，减少人工操作所带来的失误，提高订单处理的准确性与响应速度。质量控制方面，供应链在人工智能与物联网技术的加持下，可以实时监测产品质量，利用图像识别技术与深度学习算法，自动检测出产品缺陷与质量问题。另外，人工智能可以实时监控生产线的生产过程，发生异常情况时能够及时采取相应措施进行生产过程的修复调整，避免有质量问题的产品交付或入库。风险预防方面，人工智能可以利用深度学习算法及数据挖掘技术对供应商进行绩效考核评估，并通过分析供应商的历史数据及其他诸如交通状况等相关因素，预测供应链中不同环节的潜在风险。企业依据相关分析可以提前采取应对措施，最终达到风险可控的目的。

人工智能在供应链协同中的应用。人工智能在供应链协同中的应用具体表现在数据共享、资源调配及协同生产三个方面。数据共享方面，人工智能中的数据挖掘技术可以采集到供应链不同环节的数据，对这些数据进行分析，实现数据的集成共享。比如，通过机器学习模型对产品的市场表现、厂商的生产数据及企业内部的库存数据进行整合分析，针对供需关系进行供应商与企业间的协同调整，优化生产与库存。资源调配方面，市面上可利用的资源往往存在着分布不均等问

题,而人工智能可以对资源分布信息加以整合,根据供应链中的需求数据进行调配。例如,通过智能算法对供应链中的数据进行实时分析,对供应链中人力资源、材料等按需实时调整,达到提高资源利用率的目的。协同生产方面,人工智能不仅仅是根据销售、库存情况对产量进行修改,更重要的是帮助企业进行产品优化。对销售而言,人工智能通过对用户的需求、用户的实际反馈等因素进行分析,提出产品的改进建议,使产品更加符合市场需求。对库存而言,人工智能对生产线实时监控,发现其中的问题,企业与供应商协同对生产线进行优化。企业与供应商通过协同生产既可以提供符合市场需求的产品,又可以提高生产率。

✥✥ 浅谈智能仓储管理系统

传统的仓储管理以人为干预为主,从入库、拣货到出库基本都是靠人力完成,以至于人力、物力消耗巨大,效率很低。依赖于信息技术的智能仓储管理能很好满足现代化管理需求,具有灵活性,比如自动调取合适的资料,自动识别仓库内货物的信息,以及智能化的管理仓储的资料等。机器人作业颠覆传统电商物流中心作业"人找货、人找货位"模式,通过作业计划调动机器人,实现"货找人、货位找人"的模式,整个物流中心库区无人化。

以电商行业为例,当商品从供应商处运抵仓库时,系统会自动识别货物并生成入库单,仓库工作人员只需按照系统提示进行扫描和确认即可完成入库操作,这种智能化的入库管理方法,极大地提升了仓储管理的精度和效率。当客户下单后,系统会自动根据订单信息和货物位置生成合理的出库路径，并将路径信息反馈给仓库工作人员。系统还可以通过采集不同环节的数据，并通过智能算法对数据进行分析，为企业提供更加精准的生产计划和库存策略，降低企业的仓储成本和风险。订单量短期激增时，智能仓储管理系统可以赋能企业实时掌握库存数据，及时调配存货并发现供应链中的瓶颈，确保订单正常出货，缩短交货周期，提高客户满意度。

目前，市场上已经有很多家公司推出了成熟的智能仓储管理系统，通过引入机器人、自动搬运设备等技术，实现了仓库内货物的自动存储和分拣，大大提高了订单处理速度和准确率，同时降低了人力成本和误差率。

❖❖ 人工智能在供应链管理中的优势与挑战

人工智能在供应链管理中的优势。 人工智能与人工相比具有天然优势。首先，人工智能与人工不同，不需要休息时间，在面对突发的问题时响应更加迅速、及时。同时，依靠强大的算力，人工智能的使用成本远低于人工。其次，人工智能在决策上更加合理，也能最大限度减少误差。人工智能凭借大数据分析能力可以处理海量数据，针对市场表现、库存情况等数据，最终分析出更加合理的方案辅助决策。再次，通过自动识别等技术，人工智能可以有效识别出错误信息并加以改正，减少了误差。最后，人工智能分析问题更具备前瞻性，能够做到供应链风险预测。深度学习算法可以分析大量市场数据，利用算法模型对未来的销售表现进行预测，结合库存情况进行风险评估，有效避免库存积压或供应链中断的风险。

人工智能在供应链管理中的挑战。 新技术是一把双刃剑，在带来巨大优势的同时伴随挑战。首先，在人机协作方

面，企业引入人工智能后可能会产生决策冲突、部分人员边缘化等问题。由此会影响传统的供应链管理方式与组织结构，因此，企业需要着重注意人机协作是否顺畅等问题，针对供应链管理流程进行修改。同时，新技术的引入还要对员工进行培训，加强二者的协作能力。其次，数据的可靠性还有待考证。人工智能可以挖掘出海量数据，由于这些数据分布在供应链不同环节和系统中，其质量和可靠性并不能保证，因此，这些数据并不是全部可用。人工智能想要达到减少误差的目标，需要大量的可靠数据对其进行训练决策。在此之前，挖掘出的大量数据还是需要人工进行核查、筛选。最后是算法选择问题，人工智能拥有诸多算法模型，这些模型在供应链管理中都可以解决同一个问题。而算法模型的不同，其结果也会有所差异，如何选择一个适于自身的算法模型将是一个挑战。

供应链管理需要与时代发展相结合，不断进行创新。而人工智能作为一项符合时代发展趋势的新兴技术，在供应链管理中将拥有很大的使用前景。在未来，更精准的需求管理与风险管理，更合理的库存优化与物流优化都可以通过人工智能来实现。

人工智能在供应链管理中的应用确实有着不小的优势，但是其面临的挑战也同样突出。随着技术的不断发展，克服了相关困难，特别是算法模型的选择方面的困难，人工智能在供应链管理中的应用会更加广泛与深入。相信在不久的将来，人工智能可以更好地帮助企业，实现更高效、灵活和可持续发展的供应链，成为供应链管理的重要工具。

▶▶ 贸易结算更加便利

➡➡ 无边界支付系统——一触即达的全球交易

近年来，跨境电子商务发展迅猛，为世界的企业和商家带来了前所未有的机遇，同时带来了挑战。传统的跨境支付方式（汇付、托收、信用证等）都是依靠中介（通常为银行等金融机构）来完成交易的，需要构建一定的代理关系。同时，受到授信额度的制约，往往面临高昂的手续费、烦琐的流程、汇率风险及难以兼顾的合规要求。为了应对这些挑战，数字支付系统应运而生。在全球化的浪潮中，传统金融体系的边界逐渐模糊，数字支付领域的创新者正不断地推动着一个跨境无边界的金融新时代。

无边界支付系统，即一触即达的全球交易，能够实现跨境、跨币种、即时、安全、低成本和高效率的支付方式。这种支付系统的实现依赖于多种技术的发展和应用，包括区块链技术、数字人民币，以及全球清算网络平台等。同时，还需要在制度监管、技术研发和行业标准制定等方面进行不断的创新和突破，以应对跨境支付过程中可能遇到的挑战。

为进一步整合人民币跨境清算渠道，提高人民币跨境支付结算效率，适应我国跨境贸易形势发展的需要，支持实体经济发展和"走出去"战略实施，人民银行组织开发了人民币跨境支付系统，为人民币国际化铺设"高速公路"。人民币跨境支付系统的成功上线运行，进一步促进了人民币国际化进程，为境内外金融机构提供了资金清算、结算服务。中国银行的全球统一支付平台系统已经连接了多个国家和地区的本地清

算系统，承担多种货币，展示了跨境支付系统在全球范围内的应用潜力。数字人民币的应用推动了跨境支付系统的创新。数字人民币具有开放特性，其在跨境支付体系中的应用将有利于提高支付效率、打破支付垄断及改善国际跨境支付生态。

然而，要实现真正的无边界支付系统，还需要克服一些困难，包括制度监管的创新、技术研发和突破，以及行业标准的制定等。此外，跨境支付系统的安全性也是一个重要考虑因素，需要确保交易数据和个人信息的安全。

➡➡ 区块链——信任与透明的新纪元

✦✦ 什么是区块链？

区块链，是一种块链式存储、不可篡改、安全可信的去中心化分布式账本，它结合了分布式存储、点对点传输、共识机制、密码学等技术，通过不断增长的数据块链记录交易和信息，确保数据的安全和透明性。"区块链"一问世便很快引起了产业的关注，在许多领域得到了积极的推广。许多国家利用该项技术升级金融、保险等结算业务体系。如今，"区块链＋物流""区块链＋金融""区块链＋监管"等从理论变成实践应用，其自身所特有的优势吸引着许多行业开始布局"区块链＋"，其主要的核心技术优势是基于分布式账本的结构去中心化和高效数据读写、存储，基于非对称加密算法的信息安全，以及基于共识机制的全流程数据防伪和基于时序数据的全流程追溯验证等。

区块链是一个特殊的多元化数据库系统，其中每台计算机上都存储相同的数据信息。即使某台计算机发生故障，其上的信息也不会丢失,因为这些数据还保存在网络的其他计算机上。与传统数据库不同,区块链是完全分散的去中心化结构,没有中心节点。每一个加入网络的节点(无论是服务器、笔记本电脑还是手机)都存储有一个完整、实时同步的数据。传统银行将每一笔交易记录在自己的系统中。区块链通过公开、透明的规则和协议(如特定算法)来操作,所有的操作全部由机器完成,这改变了我们从依赖对人的信任转向对技术的信任。

❖❖ 区块链在跨境贸易领域的应用

区块链与跨境贸易融资的结合。融资是跨境贸易中常见的资金流通的一种重要形式,例如保险、信用贷款、融资质押等多种跨境金融融资方式。目前,其主要常见问题,一是审批流程异常烦琐;二是跨国间的贸易信息不对称;三是耗时冗长。而区块链技术能够简化融资流程、可追踪流程,为贸易融资提供了许多便捷。应用区块链完成全球首笔跨境交易结算,直接将之前需耗时四个星期以上的过程在一天之内完成。

区块链与跨境通关的结合。通关是跨境贸易领域不可或缺的环节,国家在通关中既要有大量的商品数据的传输,又要提升通关速度。其中,关键点是确保进、出境物品信息的可靠性,通常需要企业提供完整的资料,这直接导致通关速度大大降低。而区块链所具有的信息数据可追溯、不可篡改等技术优势,实现了数据共享和交叉验证。我国天津口岸区块链验证试点项目利用区块链技术,在保证贸易企业隐私的前提下,实现了跨境交易信息的交叉验证,在防范贸易欺诈的同时实现了高效通关。

区块链与国际运输业的结合。在国际运输过程中包含大量的参与主体和衔接文件,如销售合约、提单、通关文件等大量的证明文件,直接导致其运作效率低下。例如,一次跨境运输中就会涉及大量单证文件,并需要在分布于不同地理区域和不同国境的承运商、金融机构、海关等其他相关组织之间流转。而区块链自身具有的安全、高效的特性,使整个国际贸易过程变成无纸化,也适于国际运输业的其他场景应用。

❖❖ 跨境贸易运作问题的区块链应用方案

区块链的特性与该领域中贸易运作易出现的贸易主体间信任的缺失、数据孤岛、运作效率低下、业务链中心化集权等问题很好地形成了匹配。

基于区块链的信任问题解决方案。首先,利用区块链建立信任机制,使区块中跨境贸易参与方共同认可,依托建立的信任机制,革新原有跨境贸易网络中信用传递方式。其次,利用区块链不可篡改、可追溯、分布式结构的特点,使得贸易数据通过共识验证才能上传系统。最后,通过主体认证身份交叉验证机制以及与智能合约的结合,可以有效识别贸易中参与主体上传的身份及交易信息,直接从贸易信息的获取源规避风险。

基于区块链的数据流转解决方案。首先,区块链技术可以迫使数据流通具有强一致性,因此,使得整个跨境贸易网络中的参与主体必须提供真实身份信息数据,进一步提升了数据的互通性。其次,区块链具有特殊设计的加密算法,为跨境贸易主体提供有效的隐私解决方案。最后,利用区块链使其数据由其拥有方共同控制,数据在其自行加密后,对其信任方授权,如跨境承运商、海关、金融等相关机构,这样能够在保护个体机密数据的情况下,也能实现贸易信息的对接。

基于区块链的流程优化协同解决方案。首先,利用区块链分布式网络联通贸易中不同业务的参与主体,构建跨境贸易数据信息流通网,为贸易主体间更进一步的合作奠定基础。其次,在跨境贸易中的运作中引入智能合约,既能满足条件自动执行后续相关业务,在增强跨境贸易业务便利化建设的同时,也能规避不确定风险。最后,利用区块链的去中心化、透明性等特性将现行的跨境贸易流程扁平化,实现了业务流程的精简和处理效率的提高,以及有效规避过程中外来因素所带来的风险。

基于区块链的网络的弱中心化解决方案。首先,可以借助区块链的分布式网络结构和数据加密处理等技术特点,构建跨境贸易主体共同参与的弱中心化体系。其次,利用区块链技术明确跨境贸易数据拥有权与使用权。相关贸易数据在加密传输时,需获得拥有方掌握解密及授权其他参与方解密的权限。最后,利用区块链在数据共享方面的突出优势,能够在优化跨境贸易链条效率的同时确保各方的权益。

▶▶ 全球治理制度更加完善

➡➡ DEPA 框架下的治理制度——模块化的结构和灵活的执行方式

在数字经济时代,数据正成为人类社会的核心生产要素和基础性资源,成为国家争相争夺的重要战略性资产,一个基

于多方利益博弈、融合多元价值诉求的全球数字市场正在形成。越来越多的国家通过签订多边或双边协定的方式，参与国际数字贸易规则的制定，希望在国际领域占据战略主动权。在这样的背景下，2020年6月，新加坡、智利、新西兰共同签署了《数字经济伙伴关系协定》(Digital Economy Partnership Agreement，简称DEPA)。不同于传统的将数字经济规则纳入既有的贸易协定的方式，DEPA是全球第一个关于数字经济的重要规则安排。2021年10月，国家主席习近平在二十国集团领导人第十六次峰会第一阶段会议上表示，中国已决定申请加入DEPA。同年11月，中国正式提出申请。中国申请加入DEPA旨在与全球各国、各地区共同探索跨境数字治理框架的最佳路径，积极开展多边、双边数据治理合作，为全球数字经济发展、贸易投资增长和经济复苏做出积极贡献，体现了积极参与数字经济国际合作的主权意志，也将为维护和完善多边数字经济治理机制贡献中国正能量。

DEPA以模块为组织结构，包括16个模块：初步规定和一般定义、商业和贸易便利化、数字产品及相关问题的处理、数据问题、广泛的信任环境、商业和消费者信任、数字身份、新兴趋势和技术、创新与数字经济、中小企业合作、数字包容、联合委员会和联络点、透明度、争端解决、例外和最后条款。

协定的执行方式更为灵活。作为模块式的协议，DEPA实质上已是一个非约束性承诺，允许缔约方根据自身情况只加入其中的特定模块并履行该模块要求的义务。

尊重数据主权的前提下推动数据跨境合作。DEPA要求缔约方允许通过电子手段进行信息的跨国转让，包括个人信息，对信息转让的限制不应当超过为了实现合法的公共政策目标所需的限度，为缔约方企业打造良好营商环境，使企业在任何国家、地区都可以随时提供产品或服务。个人信息的跨境传输是跨境数据流动的重要组成。DEPA确定了个人信息保护国内立法的框架和基本原则，可以提高缔约方的整体立法水平。同时，DEPA并不反对各缔约方对个人信息保护采取不同的法律方法，而是在尊重缔约方国内立法的前提下促进各国保护个人信息法律之间的兼容性和互操作性，比如采用和相互承认数据保护信任标志。

在数据创新方面，DEPA提出了两种方法驱动数据创新：一是建立数据共享机制，从而便利数据共享并促进数据在数字环境中的使用。政府数据最大化地向公众开放能够更好地促进经济和社会发展。DEPA要求各缔约方在向公众提供包括数据在内的政府信息时，应努力确保这些信息以开放数据的形式提供，从而为中小企业在内的各缔约方企业提供更多的商业机会。二是采取数据监管沙盒方式，使企业在可信赖的数据共享环境中创新产品和服务。

提高数字贸易环境安全，建立对数字系统的信任。网络安全是数字经济平稳、持续发展的基石。DEPA主张各缔约方利用现有合作机制识别恶意代码并减少其侵入和传播，鼓励站在多边利益的角度协同解决影响网络安全的全球性议题。针对商业和在线消费者保护问题，DEPA要求各缔约方从完善消费者保护相关法律法规和政策开始，保护在线消费者在参与电子商务活动时不受欺诈、误导、欺骗行为的影响。面对争端解决，DEPA提供了一个高效、公平、透明的程序，以

协商和解决各缔约方在 DEPA 条款范围内的争端,包括斡旋、调解和仲裁,是在数字经济协定内容上的一大创新。

促进技术发展,保障市场弱势主体参与数字经济机会。技术发展方面,DEPA 明确提出要构建国际协调一致的人工智能道德和治理框架,强调治理框架构建的统一原则,保障人工智能在各缔约方落实运用和发展。支持中小企业合作方面,中小企业合作的内容是 DEPA 的另一大重要创新,符合创始国的市场地位和经济特点。企业的数字化发展需要大量的资金投入,缺乏支持的中小企业可能会被数字经济浪潮淘汰。DEPA 提倡从资金和信贷、政府采购机会、信息共享等方面为中小企业提供更多支持,直击中小企业发展痛点。数字包容性方面,DEPA 建议各缔约方就数字包容性有关的事项开展合作,包括消除妇女、农村人口、社会经济地位低下的群体等参与数字经济的障碍;促进包容性和可持续的经济增长;分享有关数字包容的经验和最佳做法并制定方案,促进所有群体参与数字经济。

数字贸易无障碍发展的基本要素和主要工具。除了前述数据流动、网络安全及发展机会保障等相关内容,DEPA 还涵盖了常规的贸易便利化发展条款,包括数字身份、无纸化贸易、电子支付、电子发票等,对电子交易的形式、载体、支付手段等提出了相关倡议和要求。为了达成数字身份互认,DEPA 尝试建立数字身份管理和保护方面的共同标准;为了提升贸易流程效率,DEPA 提倡各缔约方提供电子版的贸易管理文件;在跨境电子支付体系建设方面,DEPA 倡导缔约方及时公开国内法律法规,鼓励支付机构开发应用程序编程接口以促进电子支付手段在跨境贸易中的使用,并且鼓励采取监管沙盒、行业沙盒等监管方式为电子支付创造有利的发展环境；DEPA首创电子发票相关条款促进电子发票的跨境互操作性并简化买卖双方之间处理付款请求的程序。

➡➡ WTO框架下的治理制度——高标准的电子商务规则

在新技术革命浪潮的推动下,以现代互联网技术为基础、云计算和大数据为辅助的数字经济成为一种新的经济业态。伴随着数字贸易的发展,数字经济引领未来经济发展的趋势愈加明显,它不仅在形式上表现为电子商务逐步取代传统的交易方式,在内容上也体现在许多行业的数字化。"互联网＋贸易"就是数字经济发展明显的特征,其中电子商务最为突出。根据联合国贸易和发展会议提供的报告统计,电子商务的销售已经占全球GDP的30%以上。国际组织及各国政府将经济发展新动力转向电子商务领域。近年来,随着现代基础设施的普及,我国数字贸易快速发展,已成为全球重要的数字贸易大国。世界贸易组织数据显示,2022年我国可数字化交付的服务贸易规模达到2.5万亿元,比5年前增长了78.6%,跨境电商进出口规模达到2.1万亿元,比2年前增长30.2%。

在全球跨境电子商务大发展的时代,世界贸易组织（World Trade Organization,简称WTO）作为全球范围内的多边贸易组织,其设立目标是通过贸易规则谈判、监督协定执行、促进贸易开放、解决贸易争端等手段,帮助全球人民提高生活水平。成员方加入WTO需要使其国内法满足WTO的相关协定文件,这主要包括关税及贸易总协定、服务贸易总协定、技术性贸易壁垒协定和与贸易有关的知识产权协定等。

2019年1月,中国、美国、欧盟等76个WTO成员共同发布联合声明,启动与贸易有关的电子商务议题谈判,谈判以制定高标准数字贸易规则为目标,强调开放、包容、透明原则,以成员提案为基础进行。截至2023年10月,谈判参加方已扩展至90个成员,涵盖全球贸易规模90%以上。

在数字经济的大背景下,多种国际贸易形式均可能涉及相应的国际数据跨境传输,然而WTO框架目前尚未对数据跨境进行专项规制。2020年12月完成的《WTO电子商务谈判合并谈判案文》(简称《谈判案文》),WTO成员方将数据跨境流动作为重要议题纳入谈判。《谈判案文》在其B部分(开放和电子商务)中,包括了信息的流动和电子传输的关税两个方面的内容。关税方面,《谈判案文》要求以不能对电子传输征收关税为原则,由此限制了以关税形式的贸易壁垒,但是符合WTO相关贸易协定的国内税费征收是受到允许的。

在信息流动部分中,《谈判案文》首先涉及了对跨境数据流动的规定,各国认为数据传输的主体为成员方的国民和企业,应当允许各成员方存在对数据传输的管理规定,但不能随意限制数据的跨境传输。对数据的限制需要符合适当的合法目的,如公众隐私保护,而不能形成任意或不公正贸易歧视以及变相的限制。其次,《谈判案文》将禁止数据本地化存储作为原则,但为达成合法公共政策目的和保护必要安全利益的本地存储规定可以被允许。同时,该规定不能构成任意或不公正贸易歧视以及变相的限制,以及不能超过实现目的的必要程度。最后,《谈判案文》对金融数据传输和本地化进行了单独规定,当数据传输对金融服务提供者正常运营是必需时,成员方不得对其加以限制。因为金融行业的特殊性，监管机构应当被授权对金融监管机构的数据进行实时访问，只要监管能对境外的金融数据进行实时访问，就不能将金融数据本地存储作为准入条件。

2023年12月，WTO电子商务联合声明倡议成员就13个关于全球数字贸易规则达成实质结论。这些规则涵盖三大领域：一是数字贸易便利化。具体规则包括鼓励采用与《联合国国际贸易法委员会电子商务示范法》一致的原则制定电子交易法律框架，认同电子发票、电子合同等法律效力，推动无纸贸易和"单一窗口"系统建设，提升国际贸易效率和透明度，进一步促进数字化转型和发展等。二是开放数字环境。具体规则包括鼓励成员开放法律允许公开的政府数据，促进相关数据的开发和应用等。三是增强商业和消费者信任。具体规则包括通过建立相应法律框架和促进国际合作，加强个人信息和在线消费者权益保护、防止垃圾电子信息等，共同维护健康的数字化发展环境等。

数字贸易培养怎样的人才？
——全能型的数字贸易战士

非学无以广才，非志无以成学。

——诸葛亮

▶▶ 数字贸易人才培养理念——横跨多学科

党的二十大报告指出，"发展数字贸易，加快建设贸易强国"。数字化时代的来临催生了全球经济格局的深刻变革，数字贸易作为其中的重要组成部分，已经成为推动经济增长和国际贸易发展的关键力量。当前，在"数字人才刚需"时代到来之际，提升数字技术水平，加快完善人才培养体系是我国数字贸易的核心要义。然而，数字贸易所需的人才与传统贸易有着显著的差异，这对于高等教育和人才培养提出了全新的挑战。本部分将从学科教育的角度出发，为高中生及其家长，大学生等提供国内一流院校中相关专业的介绍，以及数字贸易专业的研究方向等信息，以帮助其了解这一专业的发展趋势。

➡➡ 数字贸易≠纯文科

在世界百年未有之大变局下，全球贸易格局正在发生深刻变化，新的贸易业态和模式不断涌现。在此背景下，我国提出了新文科建设的目标，一方面在文科培养模式上有了跨越式的创新，打破了文科专业之间的壁垒；另一方面，推动了交叉学科的发展，文科交叉融合的趋势日益明显，促进跨学科的融合培养。数字贸易不再局限于传统的文科范畴，而是涉及更广泛的学科领域。

❖❖ 跨学科融合

数字贸易是现代经济中一个迅速发展的领域，随着全球化和数字化深入发展，对于具备高技能的数字贸易人才的需求日益增加。培养这类人才不仅需要传统的贸易知识，还必须深入理解数字技术及其对国际贸易框架和实践的影响。从学科教育的角度出发，国内院校已经开始对其相关专业课程进行调整和优化，以适应这一变化。

数字贸易人才的培养理念，首先是跨学科融合。这涉及经济学、国际贸易、信息技术、数据分析等多个学科的融合，使得学生能够在全球化的数字经济背景下，掌握从技术实现到商业模式创新的全方位技能。此外，创新和批判性思维的培养也至关重要，应对快速变化的市场环境需要学生能够灵活应用其所学到的知识，并进行相应的策略调整。

在中国，清华大学、北京大学、复旦大学和上海交通大学等，都在积极调整其教育模式，以培养具备国际视野和技术能力的数字贸易人才。这些院校通常将经济与贸易专业和信息

科学专业紧密结合，开设涵盖电子商务、国际贸易规则、数据分析、网络安全和数字货币等内容的课程。例如，清华大学的信息管理系就结合了经济学、管理学和计算机科学等多个领域的课程，注重培养学生的数据处理能力和对数字市场环境的深刻理解。

除了课程设置，实践操作也是这些院校特别重视的一部分。学生有机会参与真实的国际贸易项目，通过实习和与企业的合作项目，获得实战经验。这种学以致用的教学模式，旨在提升学生解决实际问题的能力，使他们能够在毕业后快速适应并进入数字贸易领域。

国内院校也在积极与国际高校和机构进行合作，例如与美国、欧洲的大学联合开设双学位项目，或是与国际贸易组织合作开展研究项目，这样不仅扩展了教育资源，也为学生提供了一个国际化的学习平台。通过这种国际合作，学生可以直接接触到国际贸易的前沿问题和解决方案，从而更好地准备进入全球市场。国内院校在数字贸易人才培养方面展现出前瞻性和适应性，通过跨学科课程设计、实战经验提供和国际合作，为学生提供了全面的教育和训练。这样的教育模式不仅满足了当前市场的需求，也为应对未来的挑战做好了充分的准备。

❖❖ 研究方向广泛

数字贸易领域不断扩展，涉及的研究方向也越来越广泛。主要研究方向包括但不限于：

跨境电子商务：研究如何通过电子商务平台进行国际贸易，解决跨境支付、物流、关税征收和缴纳等问题；数字货币与支付系统：探索数字货币如何改变传统支付方式，及其在国际贸易中的应用潜力;全球供应链管理:研究如何通过数字化手段优化供应链管理,提高效率和透明度,减少成本与错误;数据驱动的市场分析:利用大数据和人工智能技术对市场趋势进行预测,帮助企业做出更精准的决策;数字贸易政策与法规:研究国内外关于数字贸易的政策环境,特别是在数据安全、隐私保护和跨境数据流动等方面的法律法规。

➡➡ 数字贸易涉及的领域

数字贸易涉及的领域非常广泛,而其广泛性从岗位能力要求来看便知一二。

✥✥ 数字运营岗位的职业介绍与就业前景

数字运营岗位,通常涉及使用数字工具和平台来优化企业的业务流程、提升用户体验和增加销售额。这一岗位跨越多个行业,包括但不限于电子商务、金融科技、内容媒体、在线服务和技术咨询等。数字运营专员的核心职责是确保企业的数字资产(如网站、App、社交媒体平台等)的高效运作,同时通过数据分析来驱动业务增长和用户满意度的提升。

数字运营的就业前景广泛且需求量大,特别是在数字化转型日益加速的今天,许多行业都需要数字运营人才来维护和优化其在线业务。以下是一些典型的就业领域:电子商务公司,科技初创公司,传统企业,咨询与服务机构等。随着职业经验的积累和技能的提升,数字运营专员可被晋升为数字运营经理、数字产品经理或数字营销总监等高级职位。此外,深入学习数据科学、人工智能等前沿技术将进一步拓展职业道路。

❖❖❖ 深度分析岗位的职业介绍与就业前景

深度分析岗位,通常被称为数据分析师或数据科学家,侧重于使用高级统计技术和机器学习算法来解析复杂数据集,从而为企业提供决策支持。这些岗位要求员工不仅能处理和分析大量数据,还要能够洞察其中的模式,预测未来趋势,并提供实际可行的业务洞见。

随着数据驱动决策在行业的普及,深度分析岗位的需求显著增长。企业无论大小,都在寻找能够解读复杂数据并提供洞见的专业人士,以便在竞争中保持优势。以下是一些典型的就业领域:科技公司,金融服务公司,医疗保健行业,零售业,政府和非营利组织等。

深度分析岗位对于希望通过数据驱动决策的企业而言是不可或缺的。这一岗位在行业中有着广泛的应用,从科技、金融到医疗保健和政府机构,数据分析师都能发挥关键作用。随着大数据和人工智能技术的发展,对于能够处理复杂数据集、提供洞见的专业人士的需求将持续增加。

❖❖❖ 数字营销岗位的职业介绍与就业前景

数字营销,是指利用数字渠道、工具和技术进行市场推广,以吸引、保持和增加消费者基数。随着互联网和移动设备的普及,数字营销已成为企业营销战略中不可或缺的一部分。数字营销专业人员运用在线平台,如社交媒体、电子邮件、搜索引擎和其他网站来与消费者互动,推广产品或服务。

数字营销领域的就业前景比较广阔,因为大部分行业需要通过数字渠道与客户建立联系。以下是一些典型的就业领域：广告和市场调研公司，科技与互联网公司，零售和电商等，随着经验的积累，数字营销专业人员可以晋升为数字营销经理、品牌经理或市场营销总监等高级职位。此外，他们也可以专注于某一领域深化，如成为搜索引擎优化专家、内容营销专家或社交媒体战略师等。

对于高校学生和求职者而言，掌握数字营销的关键技能并通过实习或项目积累实践经验，将极大增加就业机会。同时，具备良好的分析思维和创新能力将使其职场表现更加突出。

❖❖ 战略管理岗位的职业介绍与就业前景

战略管理是企业中关键的管理活动，涉及制定、实施和评估跨越全公司的决策，以帮助组织实现其长期目标。这一岗位的职责通常包括形成战略目标、分析竞争环境、评估组织内部的资源和能力，以及确保战略计划的成功执行。战略管理专员通常需要与公司的多个部门合作，确保战略计划与公司的整体目标一致并有效执行。

战略管理是企业运营中不可或缺的部分，几乎所有中大型企业和许多成长型初创公司都需要战略管理人才。随着全球市场的不断变化和竞争的加剧，企业更加重视制定有效的战略以保持竞争力。以下是一些典型的就业领域：跨国公司，咨询行业，金融机构，科技和创新行业，政府和非营利组织等。随着经验的积累和职业能力的提升，战略管理人员可以向更高层级的管理职位发展，如成为战略管理总监、首席执行官或首席运营官。此外，战略管理经验也为从事咨询、企业发展等领域提供了坚实的基础。熟练掌握战略管理知识的专业人

通常具备在多种行业和职能领域转换的能力,这增加了他们的市场适应性和职业稳定性。

❖❖ 产品管理岗位的职业介绍与就业前景

产品管理,是企业中关键的岗位,负责指导产品的整个生命周期,从概念提出、设计开发到市场推广和产品迭代。产品经理需要具备市场洞察力、用户体验设计思维及技术理解能力,其主要目标是确保产品能够满足市场需求并实现商业成功。

产品管理是一个增长迅速且需求旺盛的职业领域,尤其是在科技和互联网行业。以下是一些典型的就业领域:科技公司,消费品公司,金融服务公司,健康科技公司等。

产品管理的职业道路上充满了挑战和机遇。它不仅要求具备多方面的技能,从市场分析到用户体验设计,从数据分析到技术沟通,还需要持续学习和适应快速变化的市场环境。对于有志于从事此领域的学生和专业人员来说,强化以上技能并积极适应新兴技术和市场趋势将是其职业成功的关键。随着科技和其他行业对产品创新的需求持续增长,产品管理岗位的职业前景较好,尤其是在具有创新能力和技术背景的人才中。

▶▶ 数字贸易基础知识学习——纵深有要求

➡➡ 经济学是数字贸易观察市场的工具

远古时代,人们围坐在篝火旁,手中拿着捕获的猎物和采集的果实。这时,一个简单却深刻的问题出现了:"怎么分配这些猎物和果实才公平?"这个问题,看似简单,却涉及供需平衡、市场竞争、定价策略等深刻的经济学原理。

经济学,源于"经世济民"的智慧,是对人类经济活动的系统研究。从最初的物物交换,到现在的对货币进行数字化,经济学一直在探索人类如何更有效地配置资源、满足需求。而随着科技的飞速发展,数字贸易已成为全球经济的重要组成部分。在这个崭新的舞台上,经济学作为研究人类经济活动的科学,不仅是一门学科,更是一种观察市场、理解市场规律的智慧,为数字贸易提供了丰富的理论框架和分析工具。

❖❖ 数字贸易中的供求定律、产品定价

微观经济学课程是数字贸易专业学生的必修课,它主要侧重对个体经济行为的影响,而供求定律是其中的基本原理之一,它指出在没有外界干预的情况下,市场上商品或服务的价格将受到供求关系的影响。当供给小于需求时,价格上升;当供给大于需求时,价格下降。

这一定律同样适用于数字贸易市场。以数字内容产品为例,如电子书、音乐、视频等,其供给成本相对较低,但需求却可能因内容质量、用户口碑等因素而波动。当某一热门数字内容产品受到大量用户追捧时,需求激增,供给相对不足,导致价格上升。反之,如果某一数字内容产品不受欢迎,需求低迷,供给过剩,那么价格便会下降。

因此,数字贸易人才通过大数据技术,实时监测商品或服务的供需变化,从而洞察市场的动态,并且根据市场上商品价格的涨落,调整生产、采购或销售策略,以适应市场需求。也

可以通过大数据分析和个性化推荐,帮助企业对不同消费者群体进行精准定价,以实现利润最大化。

✥✥ 数字贸易中的成本收益核算

数字贸易行业的兴起是产业数字化的直接结果。电子商务的出现标志着贸易方式的数字化,为企业带来了前所未有的商机。然而,数字贸易并不仅仅局限于贸易方式的数字化,更涵盖了贸易对象的数字化和生产流程的数字化结合。在这一进程中,成本收益核算显得尤为重要。

在大学中,一般会安排财务管理概论、会计学等课程来帮助学生理解其中的含义。数字贸易企业需要对多个环节的成本进行精确核算,包括数据收集、处理、分析的成本,数字营销的成本,以及数字平台的建设和运营成本等。同时,数字贸易企业还需要对收益进行预测和评估,以制定合理的定价策略。通过成本收益核算,企业可以更加清晰地了解数字贸易的盈利模式和潜力,为企业的战略规划和决策提供科学依据。

✥✥ 数字贸易中企业所在的产业结构和政府规制

数字贸易的发展不仅改变了贸易方式,也对产业结构和政府规制产生了深远影响。作为一种新的产业形态,在数字贸易市场中,企业所在的产业结构成为影响竞争力和市场份额的重要因素。而政府规制的合理性也左右了市场是否能够健康发展的可能性。

宏观经济学课程将经济视为一个整体,其中的产业结构理论可以帮助分析数字贸易市场的竞争格局、产业链上下游关系及市场准入门槛等因素,据此我们可以更加深入地了解数字贸易市场的运作机制和未来的发展趋势。同时,产业结构分析还有助于企业制定针对性的市场策略,提高市场占有率和盈利能力。

同理,经济学中的政府规制理论可以帮助评估政府规制对数字贸易市场的影响,包括市场结构、竞争状况、创新能力和消费者福利等方面,据此我们可以判断政府规制的必要性和有效性。同时,政府和企业也需要密切合作,共同制定和完善数字贸易市场的法规和标准,确保市场的稳定和可持续发展。

✦✦ 数字贸易中的政府支持政策

政府在推动数字贸易发展中发挥着重要作用,而公共经济学是一门以经济学方法来研究政府行为的课程。政府支持政策可以为企业提供资金、税收、人才等方面的支持,降低企业的运营成本和市场风险,促进数字贸易的快速发展。

在现实生活中,市场调控并不完全有效,数字贸易的市场更是如此。这时,政府需要发挥作用,通过政策干预来纠正市场失灵。例如,制定反垄断法规、加强消费者权益保护、推动数据共享等。然而,政府在干预市场时也需要平衡好市场效率和社会公平的关系,避免过度干预导致市场扭曲。通过分析政府支持政策的类型、力度和效果等因素,我们可以评估政策对数字贸易市场的推动作用和潜在风险。同时,政府和企业也需要建立有效的沟通机制,确保政府支持政策的针对性和有效性。

随着数字技术的不断进步和应用场景的拓展,数字贸易将继续保持快速发展势头。在这个过程中,经济学将继续发

挥其观察市场、解析规律的重要作用。在未来,更多经济学原理将会在数字贸易实践中进行应用和创新,从而推动数字贸易与经济学共舞,共同谱写全球经济发展的新篇章。而作为新一代的数字贸易人才,只有通过学习和运用经济学的原理和方法,才能更好地洞察数字贸易市场的运行规律和发展趋势,为企业的决策和发展提供有力支持。在未来的数字贸易领域中,携手共进,共创未来。

➡➡ 管理是数字贸易顺应市场的手段

人类的生产变革离不开管理。从最初的简单生产,再到现在的多元化战略应用,它不断适应着时代的需求,引领着我们走向更加复杂、更加精彩的未来。

进入互联网时代,数字贸易不仅仅是技术的较量,更是管理的艺术。在竞争激烈的市场环境中,如何有效地组织资源、协调多方利益、实现企业的战略目标,是数字贸易成功的关键。管理学为我们提供了丰富的理论和实践经验,通过学习管理知识,我们可以掌握组织行为学、领导力、项目管理等核心技能,帮助企业在数字贸易的大潮中稳健前行,实现可持续发展。

在管理学的课程中,将管理分为五个主要部分,分别是决策、组织、领导、控制和创新。数字贸易市场具有开放性、动态性和不确定性的特点。开放性意味着市场参与者众多,竞争激烈;动态性意味着市场变化迅速,需要企业及时应对;不确定性则意味着市场风险较高,需要企业具备风险管理的能力。在这样的市场环境下,企业如何在每个环节实行有效的策略,成为顺应市场的关键。

决策环节。在数字贸易市场中，数据是企业决策的重要依据。通过对海量的交易数据、用户行为数据和市场趋势数据进行分析和挖掘，企业可以更加准确地了解市场需求和竞争态势，从而制定出更加科学的决策。数据驱动的决策管理不仅提高了决策的准确性和效率，还有助于企业发现新的商业机会。

组织和领导环节。数字贸易市场的快速变化要求企业具备灵活的供应链管理能力和组织内部结构。通过优化供应链管理和组织内部信息传递系统，企业可以更加高效地响应市场需求，提高产品质量和服务水平。例如，通过应用物联网技术和大数据分析工具，企业可以实时监控供应链的运行状态，及时发现和解决问题，确保供应链的稳定性和可靠性。

控制环节。数字贸易市场的不确定性和风险性要求企业具备全面的风险管理控制能力。企业需要对市场风险、技术风险、信用风险等进行全面的评估和控制，确保企业的稳健发展。

创新环节。仅就营销部分举例，在数字贸易市场中，企业需要通过创新的营销策略来吸引和留住客户，提高品牌知名度和口碑。例如，通过社交媒体营销、内容营销和搜索引擎优化等手段，企业可以更加精准地触达目标客户，提高营销效果。同时，企业还需要不断优化营销策略，根据市场变化和客户需求进行调整和创新。

随着数字贸易的蓬勃发展，国内某电商平台作为领先的社交电商平台，面临着巨大的市场机遇与挑战。为了在竞争中脱颖而出，该电商平台不断优化其管理策略，提升运营效率

和服务质量。它利用大数据分析工具深入挖掘用户行为、消费偏好和市场需求等信息,为决策提供有力支持;与供应商建立紧密的合作关系,实现库存共享、确保信息透明等目标,降低成本,提高响应速度;持续优化用户界面和交互设计,提升用户体验,建立完善的客户服务体系,及时响应用户反馈和需求,提供个性化的服务方案。

综上所述,管理是数字贸易顺应市场的关键手段。通过数据驱动的决策管理、灵活的供应链管理、创新的营销策略管理和全面的风险管理等手段,企业可以更加精准地把握市场动态,提高运营效率和客户满意度,保持竞争优势。然而,随着数字贸易市场的不断发展和变化,管理手段也需要不断创新和完善。未来,数字贸易从业者应继续加强管理和创新,以适应市场的变化和发展趋势,为数字贸易的繁荣和发展做出更大的贡献。

➡➡ 计算机是数字贸易联系市场的媒介

自20世纪初期,计算机技术的演变可谓波澜壮阔。从庞大的电子管机器到小巧的微处理器,每一次技术的革新都为数字贸易的发展铺平了道路。计算机,作为数字贸易与市场连接的媒介,已经变得不可或缺。

计算机技术的早期阶段,由于主要基于电子管,导致设备体积大、速度慢且费用昂贵,这限制了其应用范围。但随着晶体管和集成电路的出现,计算机技术开始飞速进步,为后来的微处理器革命奠定了基础。到了20世纪70年代末,微处理器的出现真正改变了计算机的面貌,使得个人计算机进入千家万户,为数字贸易的普及打下了坚实的基础。

随着网络技术的崛起,计算机开始连接成网络,形成了互联网,为信息传输和共享提供了前所未有的便利。在数字贸易中,计算机不仅是执行交易的工具,更是连接市场各方的核心媒介。从数据的收集、处理到传输,从交易的撮合、结算到物流的跟踪,每一个关键环节都离不开计算机技术的支撑。

为了培养数字贸易人才,大学课程通常会安排包括计算机思维、程序设计概论、计算机应用基础等在内的相关课程。学习计算机知识,不仅可以帮助我们更好地理解数字贸易的技术基础,还可以提高我们在数据处理、系统开发、网络安全维护等方面的实际操作能力,为数字贸易的高效运行提供坚实的技术保障。

数字贸易要利用信息技术,通过网络平台发布交易信息,促成商品与服务的跨国交易。因此,数字贸易人才在学校中需要学习《应用统计学》《大数据运用导论》《运筹学》等,来获得较强的数据挖掘及分析能力。信息技术、网络平台不仅为数字贸易发展提供了技术和空间支撑,而且记录了有关数字贸易运营状况的庞大数据资源。当然,还有信息处理与存储,交易撮合与结算,物流跟踪与管理,市场分析与预测等多种功能。

除此以外,由于数字贸易经常涉及进出口贸易事项,因此在数字贸易中,也要求数字贸易人才能够精通线上通关业务办理,一般会通过学习国际贸易原理、海关实务等课程来获得此类能力。为了促进数字贸易发展,适应其网络化运营、时效要求高的特点,一系列数字贸易服务系统上线运营,通关业务由线下转移到线上进行,以便简化进出口主体的通关工作,使

相关监管部门能够共享信息，加快通关业务办理。为此，数字贸易人才要在掌握报关规章制度的基础上，熟悉通关平台操作流程，能够准确、快速完成通关数据的提交，及时了解通关业务办理情况。

简而言之，数字贸易人才可以通过使用计算机与市场进行连接，但其基础是数字思维能力、数字创新能力、数字分析能力、数字运营能力和数字营销能力。而这些数字化能力，其基础应来源于对程序设计语言基本知识和程序设计技术方法的掌握，对良好的数学思维模式和数据分析能力的培养。这些可以通过学习高等数学、线性代数、概率论与数理统计等课程来获得。

目前，我们能够看到，随着云计算、人工智能、区块链等技术的不断创新和发展，计算机在数字贸易中的作用愈加重要。云计算为数字贸易提供了弹性的资源支持，使得企业可以根据业务需求灵活地调整计算能力；人工智能能够辅助企业进行智能决策，提高决策的准确性和效率，帮助供应链通过数字化方式进行上、下游管理，实现降本增效；区块链则通过去中心化、不可篡改的特点，为数字贸易提供了安全、可靠的数据记录和交易验证机制。

随着计算机技术的不断发展，计算机作为数字贸易联系市场的媒介将具有更加显著的优势。首先，计算机技术的广泛应用使得数字贸易突破了地域和时间的限制，实现了全球范围内的无障碍交易；其次，计算机技术的高效性和安全性保证了数字贸易的快速和可靠；最后，计算机技术的不断创新和发展为数字贸易提供了无限的可能性。

未来，随着计算机技术的不断创新和发展，以及数字贸易市场的不断扩大和深化，计算机技术将继续发挥其在数字贸易中的核心作用，推动数字贸易实现更加高效、便捷和安全的发展。同时，作为新时代的数字贸易人才也需要关注计算机技术在数字贸易应用中所面临的挑战，积极探索有效的解决方案以确保数字贸易的可持续发展。

▶▶ 数字贸易主要专业方向——面向新时代

➡➡ 数字贸易是外贸增长的新引擎

在数字贸易的浪潮中，外贸专业犹如一艘扬帆起航的巨轮，不仅被赋予了新的内涵，更在推动全球贸易格局的变革中发挥着举足轻重的作用。数字贸易的蓬勃发展，如同春风吹拂大地，为外贸专业注入了源源不断的生机与活力，使其在全球经济的大舞台上熠熠生辉。

数字贸易的崛起，使得外贸专业成为连接传统贸易模式与现代数字经济的桥梁。在数字化转型的推动下，传统的外贸模式正在经历深刻的变革。曾经，外贸交易流程烦琐复杂，涉及多个环节和众多参与者，不仅效率低下，而且成本高昂。然而，如今在数字技术的赋能下，这些烦琐的线下交易流程变得高效、便捷。电子商务平台、跨境支付系统、智能物流等数字化工具的应用，使得外贸活动能够跨越地域限制，实现全球范围内的快速流通。这种转变不仅提升了贸易效率，降低了交易成本，更为外贸专业的发展提供了广阔的空间。

在数字贸易的时代背景下，外贸专业的重要性愈加显著。

它不仅要求从业者掌握传统的外贸实务技能,还需具备数字营销、大数据分析等现代技能。这些技能使得外贸专业人员能够更加精准地把握市场需求,制定有效的营销策略,拓展销售渠道。例如,通过大数据分析,外贸企业可以深入了解消费者的购买行为和偏好,从而精准定位目标市场,推出更符合消费者需求的产品和服务。同时,数字贸易也为外贸专业提供了更多的创新机会。通过运用先进的数字技术,外贸企业可以开发出更具竞争力的产品和服务,满足消费者的多样化需求。

数字贸易的发展为外贸专业带来了更多机遇。随着全球贸易的深入发展和贸易自由化的推进,越来越多的企业开始拓展国际市场,寻求外贸合作机会。这为外贸专业的学生提供了丰富的就业岗位和创业空间。他们可以通过电子商务平台开展国际贸易,利用跨境支付系统实现资金的快速结算,借助智能物流系统优化供应链管理。这些数字化工具的应用,使得外贸专业的学生能够更好地适应市场需求,实现个人价值。同时,数字贸易的蓬勃发展也催生了许多新的商业模式和产业业态,为外贸专业的学生提供了更多的发展路径和选择。

然而,数字贸易时代的外贸专业也面临着一些挑战。贸易保护主义的抬头、汇率波动、国际市场竞争激烈等因素都可能对外贸业务产生影响。面对这些挑战,外贸专业的学生需要具备扎实的专业知识、敏锐的市场洞察力及灵活的应变能力。他们需要不断学习新知识、新技能,以适应不断变化的市场环境。同时,他们还需要关注国际政治、经济形势的变化,以便及时调整策略,应对潜在的风险和挑战。

在数字贸易时代,外贸专业的发展还需要得到政府和社会各界的支持。政府可以出台相关政策,鼓励外贸企业加大数字化投入,提升数字化水平。例如,政府可以设立专项资金支持外贸企业开展数字化转型升级,推动传统外贸企业向数字贸易企业转型。同时,政府还可以加强与国际组织的合作,推动国际贸易规则的更新和完善,为外贸专业的发展提供更加坚实的法律保障和制度支持。社会各界也可以积极参与外贸人才的培养工作,通过校企合作、实习实训等方式,为外贸专业的学生提供更多的实践机会和职业发展平台。

展望未来,数字贸易将继续引领全球贸易的发展潮流。在这个充满机遇与挑战的时代背景下,外贸专业将发挥更加重要的作用。它将成为推动全球贸易格局变革的关键力量,为全球经济的繁荣与发展做出重要贡献。对于有志于从事外贸行业的学生来说,他们需要不断提升自身能力,掌握核心技能,以应对未来市场的变化和挑战。同时,他们还需要保持开放的心态和创新的精神,积极拥抱数字贸易带来的新机遇和新挑战,共同推动数字贸易时代的繁荣与发展。

此外,随着科技的不断进步和全球经济的深度融合,数字贸易的未来充满了无限可能。区块链技术、人工智能、物联网等新兴技术的不断涌现,将为外贸专业带来更多的创新空间和发展机遇。这些技术的应用将进一步提升贸易的透明度和安全性,降低交易成本,提高贸易效率。同时,它们也将为外贸专业提供更为精准的数据支持和数据分析,帮助外贸企业更好地把握市场趋势和消费者需求。

总之,在数字贸易的浪潮中,外贸专业正迎来前所未有的

发展机遇和挑战。面对未来,我们需要以更加开放的心态和创新的精神,积极拥抱变化,不断提升自身能力。相信在不久的将来,外贸专业将在全球贸易格局中发挥更加重要的作用,为全球经济的繁荣与发展贡献更多的力量。

➡➡ 数字贸易是大数据的新热点

在数字贸易飞速发展的今天,大数据专业作为引领行业变革的核心力量,正发挥着日益重要的作用。大数据专业不仅是数字贸易的新引擎,更是推动整个行业不断前行的关键所在。

大数据专业,作为一个涵盖了数据的处理、分析和应用等多个维度的综合性学科,其核心价值在于从海量数据中提炼出有价值的信息,为企业决策和行业发展提供精准、有力的支持。在数字贸易领域,大数据专业展现出了其强大的应用潜力和无限的创新空间。

第一,在数据处理方面,大数据专业展现出了其独特的优势。传统的数据处理方式往往受限于数据量和处理效率,难以应对数字贸易时代海量数据的挑战。然而,大数据专业通过运用先进的算法和模型,实现了对海量数据的快速、高效处理。无论是结构化数据还是非结构化数据,无论是静态数据还是实时数据,大数据专业都能够通过技术手段将其转化为有价值的信息。这使得企业能够更快速地响应市场变化,更精准地把握消费者需求,从而在竞争激烈的市场中立于不败之地。

第二,在数据分析和应用方面,大数据专业更是展现出了其卓越的才华和创造力。通过深度挖掘和预测分析，大数据专业能够发现数据背后的规律和趋势，为企业战略制定提供重要参考。无论是供应链优化、市场需求分析，还是个性化营销、风险控制，大数据专业都能够提供精准的数据和分析结果。同时，大数据专业还能够将分析结果转化为实际应用，帮助企业实现业务增长和效率提升。通过精准营销和个性化推荐，企业能够更好地满足消费者需求，提升客户满意度；通过风险控制和预测分析，企业能够降低经营风险，提高决策准确性。

第三，大数据专业还注重数据安全和隐私保护。在数字贸易时代，随着数据的不断流动和共享，数据安全和隐私保护问题日益显著。大数据专业通过专业的技术手段和法律法规知识，确保数据在收集、存储、分析和应用过程中的安全性和隐私性。通过数据加密、访问控制等措施，大数据专业努力保护用户隐私不被泄露，为数字贸易的健康发展提供有力保障。

当然，大数据专业在数字贸易领域的应用还远不止于此。随着技术的不断进步和应用场景的不断拓展，大数据专业将继续探索更多的可能性。例如，在云计算的支持下，大数据专业可以实现更高效的数据处理和存储，为企业提供更强大的计算能力；在物联网的推动下，大数据专业可以从更多的设备中收集数据，实现更全面的数据分析；在人工智能的助力下，大数据专业可以实现更智能的数据分析和预测，为企业提供更精准的决策支持。

展望未来，大数据专业将继续发挥其在数字贸易领域的核心作用。随着数字贸易的不断发展，大数据专业将面临更

多的机遇和挑战,应继续加强与其他领域的交叉融合,推动大数据技术的创新与应用。同时,高校也应加强人才培养和队伍建设,为数字贸易领域提供更高素质、更专业化的人才支持。

在人才培养方面,大数据专业注重培养学生的实践能力和创新精神。通过开设丰富的实践课程和项目,让学生亲身参与数据处理、分析和应用的过程,锻炼他们的实际操作能力。同时,大数据专业还鼓励学生积极参与科研活动和学术交流,培养他们的创新思维和解决问题的能力。

在队伍建设方面,大数据专业注重引进和培养高水平的师资队伍。高校通过引进具有丰富实践经验和深厚学术背景的专家学者,为学生提供优质的教学和指导。同时,大数据专业还应加强与其他高校和企业的合作与交流,共同推动大数据技术的发展和应用。

总之,大数据专业在数字贸易时代发挥着举足轻重的作用。未来,随着技术的不断进步和应用场景的不断拓展,大数据专业将继续引领数字贸易的创新发展,为行业的繁荣与进步贡献更多智慧和力量。同时,高校也应不断加强自身的建设和发展,为培养更多优秀的大数据人才、推动数字贸易的健康发展做出更大的贡献。

➡➡ 数字贸易是电子贸易的大平台

在信息技术飞速进步与全球化浪潮不断推进的时代背景下,电子贸易专业以其独特的专业深度和实质性内容,正逐渐成为引领数字贸易领域变革的关键力量。这一专业不仅仅是技术的简单集合,更是一个融合了商业模式、市场策略、风险控制及法律法规等多个维度的综合体系,为数字贸易的繁荣与发展提供了坚实的支撑。

首先,从技术层面来看,电子贸易专业致力于研究和应用新的网络技术,构建出高效、安全、智能的电子商务平台。这些平台不仅简化了交易流程,降低了交易成本,更通过个性化服务等功能,提升了用户体验,增加了用户黏性。电子贸易专业对平台的稳定性、安全性和可扩展性进行了深入研究和优化,确保平台能够应对复杂场景和突发情况,保障交易的顺利进行。在这个过程中,电子贸易专业不仅关注技术的创新与应用,更重视技术的落地与执行,力求将新的网络技术转化为实际生产力,推动数字贸易的快速发展。

其次,在商业模式创新方面,电子贸易专业展现出了敏锐的市场洞察力和创新思维。通过深入分析市场趋势和消费者需求,电子贸易专业为企业提供了创新的商业模式和策略。例如,结合社交媒体和移动互联网技术,电子贸易专业打造出全新的社交电商模式,为消费者带来更加便捷、有趣的购物体验。这些创新模式不仅为企业创造了新的增长点,也为整个行业带来了新的发展机遇。电子贸易专业在商业模式创新方面的努力,不仅提升了企业的竞争力,也为整个数字贸易领域的繁荣发展注入了新的活力。

最后,电子贸易专业还注重市场洞察能力的培养。通过学习和掌握数据分析技术,电子贸易专业能够深入挖掘数据背后的价值,为企业提供有力的决策支持。通过分析用户行为、购买偏好、市场趋势等数据,电子贸易专业帮助企业制定更加精准的产品策略,提升企业的市场竞争力。同时,电子贸

易专业还具备运用管理方法分析、解决实际问题的能力,能够将信息技术与财政、税务、财务和管理等多个领域进行有机融合,为企业提供全面的解决方案。这种跨领域的融合能力,使得电子贸易专业在解决复杂贸易问题时具有独特的优势。

在网络安全维护和风险控制方面,电子贸易专业也展现出了强大的实力。随着互联网的普及和电子商务的快速发展,网络安全问题日益突出。电子贸易专业通过学习和实践,掌握了网络安全技术的新动态和应用方法,能够有效地保障电子商务平台的安全稳定运行。通过建立完善的风险控制机制,电子贸易专业对交易过程中的风险进行及时识别和防范,确保企业和消费者的权益得到充分保障。这种对安全问题的重视和有效应对,为数字贸易的健康发展提供了有力的保障。

值得一提的是,电子贸易专业还涉及法律法规的学习和应用。在电子商务领域,法律法规的遵守和合规经营至关重要。电子贸易专业通过学习相关法律法规,了解电子商务行业的政策环境和监管要求,确保企业在开展业务时能够遵守法律法规,避免法律风险。这种对法律法规的重视和应用,为电子贸易专业的健康发展提供了坚实的法律保障。

除了上述提到的内容,电子贸易专业还注重培养学生的团队协作能力、沟通能力和创新思维。通过团队协作和沟通训练,电子贸易专业的学生能够与不同领域的专家进行跨界合作,共同解决复杂的贸易问题。同时,通过创新思维的激发和培养,电子贸易专业的学生能够为企业带来更多的创新想法和商业机会。这种对人才培养的重视和投入,为电子贸易专业的长远发展奠定了坚实的基础。

综上所述,电子贸易专业以其独特的专业深度和实质性内容,在数字贸易领域发挥着举足轻重的作用。它不仅推动了技术的进步和发展,更促进了商业模式的创新和市场策略的优化。随着信息技术的不断发展和全球化的深入推进,电子贸易专业将继续引领数字贸易领域的变革,为企业的繁荣发展贡献更多的智慧和力量。

因此,我们应该进一步加强对电子贸易专业的重视和投入,推动其不断发展壮大。同时,我们也应该关注电子贸易专业的发展趋势和未来挑战,积极应对和解决可能出现的问题。只有这样,我们才能确保电子贸易专业在未来的发展中保持领先地位,为数字贸易领域的繁荣与进步做出更大的贡献。

▶▶ 数字贸易实践教学环节——实践出真知

➡➡ 身临其境——直播新体验

直播带货是数字化经济下的新兴行业。直播带货通过商家直接与消费者进行互动,既拉近了商家与消费者的距离,又为商品的销售赢得了机会。2020—2022年,在多重因素的刺激下,我国电商直播呈现了爆发式增长,直播带货成为互联网平台的标配。

当下,直播带货的"风"吹向了跨境电商,两者相结合,成为外贸的"新风口"。直播带货成为中国跨境贸易发展新的出入口,外贸直播成为跨境贸易的新途径。通过直播,消费者可以看到真实的产品和工厂,增进了对商家的信任,帮助我国外贸出口企业拓宽销售渠道、增强获客能力、缩短外贸成单周

期,助推我国外贸企业顺利出海,中国品牌走向世界。在此背景下,数字贸易人才不仅需要掌握数字信息能力及新时代下数字贸易规则和贸易实务,还需要对电商直播这一模式进行综合且深入的学习。

大家作为消费者一定或多或少了解甚至参与过直播购物,在直播间同主播实时互动,购买自己喜爱的商品。你是否想体验一下灯光下主播的生活？你是否想亲自参与一场直播的筹备？"直播新体验"为你提供了宝贵的机会。该活动鼓励学生自由组队成立直播团队,选定带货的内容并且对接商品厂家,进行洽谈。之后,在学校所提供的平台,面向校内、校外进行一场真实的直播带货。

所有参与团队在直播前需要撰写脚本、选择产品,并进行直播前预热。学生撰写的直播脚本包含直播主题、直播节奏、人员分工、活动策划、主播话术等内容。撰写直播脚本,一方面是有利于保持团队之间的信息同步与沟通顺利,同时保证决策的执行到位;另一方面,可以帮助主播更好地把握直播流程和控制直播间的节奏,提升带货效率。选择产品即选品,是整个直播的地基,结合流量数据和自身特点选择合适的产品进行组合搭配,才能吸引消费者带来创收。直播前预热,即直播前进行预热引流,通过社交媒体进行提前宣传,这样直播间才会获得流量,只有观众进入直播间,才能卖出产品进而实现盈利。

直播过程中,各部门人员需要按照脚本上的流程和分工完成工作,主播负责介绍产品优势,吸引观众下单;助理负责产品的上架和下架;场控负责调动直播间的互动气氛;客服售后及时回复消费者提出的问题。对直播过程中设备、内容、直播数据等方面进行管理,减少意外事故,保证直播的有序推进。

直播后,学生需要对直播情况进行复盘并撰写直播报告。报告内容包含各部门工作情况复盘,例如主播在直播过程中的控场能力和语言表达是否达到标准,运营部门脚本内容是否合理,客服售后是否及时解决消费者提出的问题;带货的产品复盘,包括直播间的选品逻辑是否合理,产品卖点提炼是否到位;直播数据复盘,包括统计在线人数、观众停留时长、订单量、利润等情况。直播复盘分析每场直播的优点和缺点,及时做出策略调整,有助于下一场直播的准备。在所有直播结束后,根据各团队直播带货的盈亏情况、直播脚本、直播报告等方面进行打分,评选优胜。

学生通过亲身参与直播团队,对电商直播流程进行学习和了解。在参与直播过程中,选定商品和厂家洽谈,锻炼了学生的交际能力;成为主播则要求拥有清晰的逻辑、出色的语言表达能力、控场能力及亲和力,这样才能使直播各环节衔接顺畅,营造良好的直播氛围,吸引消费者进入直播间;加入运营部门参与脚本的撰写和产品的选定,需要活跃和开放的思维,可以从紧跟的热点挖掘出创意方向,提出创新想法,给直播的内容形式带来创新。新颖性是吸引流量的法宝,除此之外,精湛的文字功底也不可缺少,优秀的直播脚本可以为一场直播的成功打下基础;进行直播复盘,考验了学生的数据统计分析能力及修正错误的执行力,通过数据找到本场直播的不足并及时改进。学生通过参与直播,不论是作为镜头前的主播还

是幕后团队的一员,都能锻炼和提升了自身的能力,并亲身体会到数字化发展如何变革和创新传统贸易形式。

➡➡ **能言善辩——参与模拟交易会**

我们的生活处处有着"贸易"的身影,我们享受着它带给我们的种种便利和好处。贸易是否只是简单的买和卖?它又有什么其他的奥秘?通过参与模拟交易会便能找到答案。基于数字贸易、跨境电子商务、国际贸易、商务英语、物流等相关知识举办的模拟交易会,让学生扮演企业老板、售货员、进货商、客商等角色,亲自去体验什么是贸易。模拟交易会在注重培养学生数字贸易相关能力的同时,也关注传统贸易框架下的核心技能的培养。模拟交易会分为线上和线下两种形式。在模拟交易会中,企业自由参与商品交易,最终通过对模拟企业线上和线下的营销成本、利润等因素进行核算,评选出优胜模拟企业。活动分以下阶段开展:

第一阶段,商业计划书的撰写。创业团队提交一份完整的商业计划书(包括中文版本和英文版本),商业计划书包含项目内容、企业概况、产品及服务、市场分析报告、营销策略、财务及风险预测等内容,撰写完成后上交。再经专业、资深教师评比打分,考查学生对于所学知识的运用情况。

第二阶段,网店开设。数字贸易作为一种新业态,在连接国际贸易市场配置资源中发挥着越来越重要的作用,电子商务作为数字贸易的重要形式,以蓬勃之势迅猛发展,交易额连年猛增。贸易企业运用电子商务优化了贸易体制,简化了贸易流程,提供了贸易机会。做外贸离不开电商,本阶段要求以商业计划书为基础,学生登录指定的跨境电子商务仿真平台,进行网店开设。同时,需要对企业和所售产品进行充分的展示,显示企业文化与产品特色。

第三阶段,展示环节。模拟贸易企业角色以答辩的形式向投资人论证商业计划可行性、主要开发的领域和市场分析、传统贸易和数字贸易的定位和运营策略等。通过展示商业计划,投资人可以对创业团队及其商业项目有了大致的了解。答辩结束后,投资人根据各团队的商业计划进行相应投资。

第四阶段,摊位竞投及场地布置。模拟交易会强调真实性,因此,需要选择一个合适的场地,这个场地不仅要有一定的规模和相当的客流量,还要能够容纳并体现出不同摊位之间的差异。本阶段团队利用上一阶段获得的投资,对现场交易环节中所需要的理想摊位进行竞投。竞投按摊位底价由高到低的顺序进行,摊位价高者得,考验创业团队对于资金的管理和使用。确定相应展位后,公司根据各自的产品布置展位,要求布置美观,对公司进行中英文介绍,彰显产品特色,以便吸引客商前来交易。

第五阶段,交易环节。交易环节是模拟交易会最重要的环节之一。本环节分为线下交易和线上交易。线下交易,由学生扮演的贸易企业通过合理的营销手段吸引嘉宾客商前来报价,客商需要对产品进行商业定位和市场预估,之后双方进行谈判磋商,最终买卖双方达成共识,完成交易。线上交易,通过线上平台进行,在之前开设的网店,上架商品、处理订单。通过一系列广告投放模拟平台,完成店铺主营区域及类目的确定,站内广告优化、站外广告投放等任务。之后依据运营流程中的数据,学生利用平台的内置工具,进行数据收集、数据

分析等处理。线上平台系统会对参与队伍的线上贸易交易和数据分析情况进行评分。

第六阶段,颁奖环节。根据创业团队的交易利润额、专项融资回报率、交易利润率、线上模拟交易系统评分,来评定现场交易比赛结果,并对优胜队伍进行颁奖。

在模拟交易会中,商业计划书的撰写不仅检验了学生对于专业知识的掌握与灵活应用能力,还锻炼了其思维逻辑能力,要求学生能够全面看待问题。展示环节,考验、锻炼了学生的表达能力;摊位竞投、布展、磋商交易等外贸环节,锻炼了学生实际操作能力和沟通能力;线上模拟交易,培养和锻炼了学生数字贸易实务技能和数字贸易数据分析能力。模拟交易会的开展,旨在锻炼和提升学生的贸易基本技能、创新创业能力、团队合作能力,同时加深其对数字贸易领域的认识,提升数字贸易理念、创新能力和开拓国际化视野,适应国际贸易数字化的新趋势和新需求。

➡➡ **小试锋芒——进入企业勇实习**

数字贸易的高质量发展需要熟悉国际贸易规则和精通跨境电商专业技能、数字信息技术的人才作为支撑。数字贸易相比传统贸易,通过借助互联网缩短了时空距离,拓展了市场规模。同时,这意味着数字贸易对从业者提出了更高的要求。学生只有将所学的经济学、管理学、计算机知识等融会贯通,转化为技能,成为复合型、创新型、应用型的人才,才能在未来的就业中具有优势。为了进一步提升数字贸易专业学生的专业应用能力、实践操作水平和解决问题的能力,有效的方法是让其进入企业中实习。实习有诸多好处,可以帮助学生了解公司实际的运转流程和工作内容,进一步了解社会等。

中国数字贸易发展规模、增速位居世界前列,数字贸易正成为推动我国经济发展的新动能,发展前景势不可挡。目前,大多数企业将数字贸易当作未来发展的重点,对于数字贸易专业的学生来说,相关实习公司及职位的选择众多。

电子商务方向。该方向可从事运营的相关工作。那什么是运营呢?也许大多数人并不了解运营岗位的职责和内容,希望通过阅读本部分会有所收获。运营只是岗位群的一个统称,具体可以细分为不同岗位。活动运营负责公司大型活动策划,制订电商平台上的促销活动计划;广告运营从事在线宣传推广商品、获取用户、提升流量;数据运营根据网站营销数据进行深入分析,包括营销数据、交易数据、客户数据等;产品运营对所售产品进行评估、提炼卖点,还要收集市场和行业信息、分析竞争对手、关注对手的变化和选款、定价等营销策略,结合本店优势提供有效应对方案;用户运营负责对用户进行精细化分层运营,制定不同运营策略,提高用户活跃度和留存率。不同的公司对运营岗位的分类和细化也有所不同。电子商务方向的相关岗位还有产品销售、物流采购、网站策划及直播等岗位。电子商务是我国数字经济发展的重要动力,当下我国电子商务市场挑战与机遇并存,实现我国电子商务高质量发展急需人才的支持。电子商务市场发展潜力巨大,是比较热门的就业选择。数字贸易专业可以帮助学生更好地了解电子商务的运作模式,择业时具有更多的选择对象,具备从事电商工作的优势。

跨境电商方向。跨境电商和国内电商在岗位方面具有相

似性，但其具有跨境的特性，因此创造了一批岗位。例如，跨境电商物流专员，从事海外仓存储销、跨境物流等工作，负责物流供应商管理并拓展供应商，根据公司业务模式和主流市场，定制主流国家物流渠道，负责与物流供应商谈判，建立索赔流程和制度。在传统的跨境电商物流中，物流配套设施不全，整体费用过高，同时耗费的时间较长，复杂、烦琐的流程为买卖双方带来了不良体验。伴随着境外仓储中心和物流配送网络的建立，在网络信息技术的支持之下构建完善的境内外物流信息管理体系，帮助整体的物流效率得到了有效提升。智慧物流的建立，在提升效率的同时对从业人员的能力提出了更高的要求，因而跨境电商平台、跨境供应链公司需要数字贸易专业人才。

外贸企业方向。推进数字贸易是外贸企业的发展重点，也是本专业学生实习和就业的重要领域。从事传统岗位，例如外贸业务员，从业人员需在企业商务谈判中熟悉贸易条款，挑选合适的交易方式；为企业提供包括订立运输合同、租船订舱、货物运输及装卸、出口报关和报检等服务的货物代理。在数字贸易发展的背景下，要求从业人员熟练掌握以上知识的同时，还需熟练利用数字海关、智慧物流等数字化平台，促进贸易效率的提升和成本的降低。数字贸易的发展离不开企业数字化转型，外贸企业数字化转型过程中催生了一批新的岗位，例如数字化转型咨询顾问，该岗位研究企业数字化转型发展的新理念、新要求，解读数字贸易相关的政府政策，帮助企业修订和落实数字化转型战略，负责系统架构设计和搭建、针对行业客户设计场景化的解决方案，推动管理模式、业务流程等方面的变革；数据库管理员，数字贸易以数据作为关键生产要素，随着企业越来越多地采用平台办公，优秀的数据库管理员将成为关键；以及可以采用数字化手段开发产品和服务的信息技术岗。结合现状，我国外贸企业缺乏推动数字化转型和数字贸易发展的复合型人才，数字贸易专业的学生兼具业务能力和信息技术能力，不论是在传统岗位还是新兴岗位上皆有较强的胜任能力。

现阶段我国处于产业转型升级和数字化发展的潮流之中，数字贸易专业符合时代发展的需求，上述只是罗列了一些需求本专业学生较多的岗位，学生可以去寻找的实习岗位实际更加广泛。例如，政府部门，当下数字贸易发展迅速，政府经济管理部门也需要数字贸易人才，从事相关政策研究、政策解读、市场监管工作等。学生在物联网、人工智能、云计算等领域的相关岗位也可以积极尝试。实习的成果可以为我们的履历锦上添花，是你秋季招聘所能呈递给面试官极为直观的"实力证明"，证明了你的收获和成长。实习，同样是在同学们在大学生涯里寻求未来职业方向的最佳方式之一。通过实习，同学们对所学知识、所在行业、自身特点、岗位的喜好，都有了深刻的了解，在秋季招聘时不迷茫，减少试错成本，做出符合自身的选择，这对于未来就业指明了方向。

参考文献

［1］ Weber R H. Digital Trade in WTO-law-taking Stock and Looking Ahead［J］. Ssrn Electronic Journal，2010，5(1)：1-24.

［2］ 陈维涛，朱柿颖. 数字贸易理论与规则研究进展［J］. 经济学动态，2019(09)：114-126.

［3］ 二十国集团杭州峰会. 二十国集团数字经济发展与合作倡议［Z/OL］. 2016.

［4］ 韩景华. 国际贸易前沿研究：理论、方法与应用［M］. 北京：中国经济出版社，2021.

［5］ 何黎明. 中国智慧物流发展趋势［J］. 中国流通经济，2017，31(06)：3-7.

［6］ 蓝庆新，窦凯. 美欧日数字贸易的内涵演变、发展趋势及中国策略［J］. 国际贸易，2019(06)：48-54.

［7］ 李晓钟，胡馨月. 数字贸易：理论与应用［M］. 西安：西安电子科技大学出版社，2023.

[8] 李忠民,周维颖,田仲他. 数字贸易:发展态势、影响及对策[J]. 国际经济评论,2014(06):131-144.

[9] 马述忠,房超,梁银锋. 数字贸易及其时代价值与研究展望[J]. 国际贸易问题,2018(10):16-30.

[10] 马述忠,濮方清,潘钢健,等. 数字贸易学[M]. 北京:高等教育出版社,2022.

[11] 梅雪峰. 数字贸易师能力等级认证培训教程[M]. 北京:清华大学出版社,2021.

[12] 盛斌,高疆. 超越传统贸易:数字贸易的内涵、特征与影响[J]. 国外社会科学,2020(04):18-32.

[13] 孙杰. 从数字经济到数字贸易:内涵、特征、规则与影响[J]. 国际经贸探索,2020,36(05):87-98.

[14] 熊励,刘慧,刘华玲. 数字与商务:2010年全球数字贸易与移动商务研讨会论文集[M]. 上海:上海社会科学院出版社,2011.

[15] 张茉楠,周念利. 中美数字贸易博弈及我国对策[J]. 宏观经济管理,2019(07):13-19.

[16] 中华人民共和国商务部. 中国数字贸易发展报告[R/OL]. 2022.

[17] 朱晓明. 走向数字经济[M]. 上海:上海交通大学出版社,2018.

"走进大学"丛书书目

什么是地质？	殷长春	吉林大学地球探测科学与技术学院教授（作序）
	曾 勇	中国矿业大学资源与地球科学学院教授
		首届国家级普通高校教学名师
	刘志新	中国矿业大学资源与地球科学学院副院长、教授
什么是物理学？	孙 平	山东师范大学物理与电子科学学院教授
	李 健	山东师范大学物理与电子科学学院教授
什么是化学？	陶胜洋	大连理工大学化工学院副院长、教授
	王玉超	大连理工大学化工学院副教授
	张利静	大连理工大学化工学院副教授
什么是数学？	梁 进	同济大学数学科学学院教授
什么是统计学？	王兆军	南开大学统计与数据科学学院执行院长、教授
什么是大气科学？	黄建平	中国科学院院士
		国家杰出青年科学基金获得者
	刘玉芝	兰州大学大气科学学院教授
	张国龙	兰州大学西部生态安全协同创新中心工程师
什么是生物科学？	赵 帅	广西大学亚热带农业生物资源保护与利用国家重点实验室副研究员
	赵心清	上海交通大学微生物代谢国家重点实验室教授
	冯家勋	广西大学亚热带农业生物资源保护与利用国家重点实验室二级教授
什么是地理学？	段玉山	华东师范大学地理科学学院教授
	张佳琦	华东师范大学地理科学学院讲师
什么是机械？	邓宗全	中国工程院院士
		哈尔滨工业大学机电工程学院教授（作序）
	王德伦	大连理工大学机械工程学院教授
		全国机械原理教学研究会理事长
什么是材料？	赵 杰	大连理工大学材料科学与工程学院教授

什么是金属材料工程?
    王　清　大连理工大学材料科学与工程学院教授
    李佳艳　大连理工大学材料科学与工程学院副教授
    董红刚　大连理工大学材料科学与工程学院党委书记、教授(主审)
    陈国清　大连理工大学材料科学与工程学院副院长、教授(主审)

什么是功能材料?
    李晓娜　大连理工大学材料科学与工程学院教授
    董红刚　大连理工大学材料科学与工程学院党委书记、教授(主审)
    陈国清　大连理工大学材料科学与工程学院副院长、教授(主审)

什么是自动化? 王　伟　大连理工大学控制科学与工程学院教授
       国家杰出青年科学基金获得者(主审)
    王宏伟　大连理工大学控制科学与工程学院教授
    王　东　大连理工大学控制科学与工程学院教授
    夏　浩　大连理工大学控制科学与工程学院院长、教授

什么是计算机? 嵩　天　北京理工大学网络空间安全学院副院长、教授

什么是人工智能? 江　贺　大连理工大学人工智能大连研究院院长、教授
       国家优秀青年科学基金获得者
    任志磊　大连理工大学软件学院教授

什么是土木工程?
    李宏男　大连理工大学土木工程学院教授
       国家杰出青年科学基金获得者

什么是水利? 张　弛　大连理工大学建设工程学部部长、教授
       国家杰出青年科学基金获得者

什么是化学工程?
    贺高红　大连理工大学化工学院教授
       国家杰出青年科学基金获得者
    李祥村　大连理工大学化工学院副教授

什么是矿业? 万志军　中国矿业大学矿业工程学院副院长、教授
       入选教育部"新世纪优秀人才支持计划"

什么是纺织? 伏广伟　中国纺织工程学会理事长(作序)
    郑来久　大连工业大学纺织与材料工程学院二级教授

什么是轻工? 石　碧　中国工程院院士
       四川大学轻纺与食品学院教授(作序)
    平清伟　大连工业大学轻工与化学工程学院教授

什么是海洋工程？
    柳淑学 大连理工大学水利工程学院研究员
        入选教育部"新世纪优秀人才支持计划"
    李金宣 大连理工大学水利工程学院副教授

什么是海洋科学？
    管长龙 中国海洋大学海洋与大气学院名誉院长、教授

什么是船舶与海洋工程？
    张桂勇 大连理工大学船舶工程学院院长、教授
        国家杰出青年科学基金获得者
    汪 骥 大连理工大学船舶工程学院副院长、教授

什么是航空航天？
    万志强 北京航空航天大学航空科学与工程学院副院长、教授
    杨 超 北京航空航天大学航空科学与工程学院教授
        入选教育部"新世纪优秀人才支持计划"

什么是生物医学工程？
    万遂人 东南大学生物科学与医学工程学院教授
        中国生物医学工程学会副理事长（作序）
    邱天爽 大连理工大学生物医学工程学院教授
    刘 蓉 大连理工大学生物医学工程学院副教授
    齐莉萍 大连理工大学生物医学工程学院副教授

什么是食品科学与工程？
    朱蓓薇 中国工程院院士
        大连工业大学食品学院教授

什么是建筑？ 齐 康 中国科学院院士
        东南大学建筑研究所所长、教授（作序）
    唐 建 大连理工大学建筑与艺术学院院长、教授

什么是生物工程？贾凌云 大连理工大学生物工程学院院长、教授
        入选教育部"新世纪优秀人才支持计划"
    袁文杰 大连理工大学生物工程学院副院长、副教授

什么是物流管理与工程？
    刘志学 华中科技大学管理学院二级教授、博士生导师
    刘伟华 天津大学运营与供应链管理系主任、讲席教授、博士生导师
        国家级青年人才计划入选者

什么是哲学？ 林德宏 南京大学哲学系教授
        南京大学人文社会科学荣誉资深教授
    刘 鹏 南京大学哲学系副主任、副教授

什么是经济学？	原毅军	大连理工大学经济管理学院教授
什么是数字贸易？		
	马述忠	浙江大学中国数字贸易研究院院长、教授（作序）
	王群伟	南京航空航天大学经济与管理学院院长、教授
	马晓平	南京航空航天大学经济与管理学院副教授
什么是经济与贸易？		
	黄卫平	中国人民大学经济学院原院长
		中国人民大学教授（主审）
	黄 剑	中国人民大学经济学博士暨世界经济研究中心研究员
什么是社会学？	张建明	中国人民大学党委原常务副书记、教授（作序）
	陈劲松	中国人民大学社会与人口学院教授
	仲婧然	中国人民大学社会与人口学院博士研究生
	陈含章	中国人民大学社会与人口学院硕士研究生
什么是民族学？	南文渊	大连民族大学东北少数民族研究院教授
什么是公安学？	靳高风	中国人民公安大学犯罪学学院院长、教授
	李姝音	中国人民公安大学犯罪学学院副教授
什么是法学？	陈柏峰	中南财经政法大学法学院院长、教授
		第九届"全国杰出青年法学家"
什么是教育学？	孙阳春	大连理工大学高等教育研究院教授
	林 杰	大连理工大学高等教育研究院副教授
什么是小学教育？	刘 慧	首都师范大学初等教育学院教授
什么是体育学？	于素梅	中国教育科学研究院体育美育教育研究所副所长、研究员
	王昌友	怀化学院体育与健康学院副教授
什么是心理学？	李 焰	清华大学学生心理发展指导中心主任、教授（主审）
	于 晶	辽宁师范大学教育学院教授
什么是中国语言文学？		
	赵小琪	广东培正学院人文学院特聘教授
		武汉大学文学院教授
	谭元亨	华南理工大学新闻与传播学院二级教授
什么是新闻传播学？		
	陈力丹	四川大学讲席教授
		中国人民大学荣誉一级教授
	陈俊妮	中央民族大学新闻与传播学院副教授

什么是历史学？	张耕华	华东师范大学历史学系教授
什么是林学？	张凌云	北京林业大学林学院教授
	张新娜	北京林业大学林学院副教授

什么是动物医学？
　　　　　　　陈启军　沈阳农业大学校长、教授
　　　　　　　　　　　国家杰出青年科学基金获得者
　　　　　　　　　　　"新世纪百千万人才工程"国家级人选
　　　　　　　高维凡　曾任沈阳农业大学动物科学与医学学院副教授
　　　　　　　吴长德　沈阳农业大学动物科学与医学学院教授
　　　　　　　姜　宁　沈阳农业大学动物科学与医学学院教授

什么是农学？　陈温福　中国工程院院士
　　　　　　　　　　　沈阳农业大学农学院教授（主审）
　　　　　　　于海秋　沈阳农业大学农学院院长、教授
　　　　　　　周宇飞　沈阳农业大学农学院副教授
　　　　　　　徐正进　沈阳农业大学农学院教授

什么是植物生产？
　　　　　　　李天来　中国工程院院士
　　　　　　　　　　　沈阳农业大学园艺学院教授

什么是医学？　任守双　哈尔滨医科大学马克思主义学院教授

什么是中医学？贾春华　北京中医药大学中医学院教授
　　　　　　　李　湛　北京中医药大学岐黄国医班（九年制）博士研究生

什么是公共卫生与预防医学？
　　　　　　　刘剑君　中国疾病预防控制中心副主任、研究生院执行院长
　　　　　　　刘　珏　北京大学公共卫生学院研究员
　　　　　　　么鸿雁　中国疾病预防控制中心研究员
　　　　　　　张　晖　全国科学技术名词审定委员会事务中心副主任

什么是药学？　尤启冬　中国药科大学药学院教授
　　　　　　　郭小可　中国药科大学药学院副教授

什么是护理学？姜安丽　海军军医大学护理学院教授
　　　　　　　周兰姝　海军军医大学护理学院教授
　　　　　　　刘　霖　海军军医大学护理学院副教授

什么是管理学？齐丽云　大连理工大学经济管理学院副教授
　　　　　　　汪克夷　大连理工大学经济管理学院教授

什么是图书情报与档案管理?
　　　　　　　　李　刚　南京大学信息管理学院教授
什么是电子商务? 李　琪　西安交通大学经济与金融学院二级教授
　　　　　　　　彭丽芳　厦门大学管理学院教授
什么是工业工程? 郑　力　清华大学副校长、教授(作序)
　　　　　　　　周德群　南京航空航天大学经济与管理学院院长、二级教授
　　　　　　　　欧阳林寒南京航空航天大学经济与管理学院研究员
什么是艺术学? 梁　玖　北京师范大学艺术与传媒学院教授
什么是戏剧与影视学?
　　　　　　　　梁振华　北京师范大学文学院教授、影视编剧、制片人
什么是设计学? 李砚祖　清华大学美术学院教授
　　　　　　　　朱怡芳　中国艺术研究院副研究员
什么是有机化学?
　　　　　　　　[英]格雷厄姆·帕特里克(作者)
　　　　　　　　　　西苏格兰大学有机化学和药物化学讲师
　　　　　　　　刘　春(译者)
　　　　　　　　　　大连理工大学化工学院教授
　　　　　　　　高欣钦(译者)
　　　　　　　　　　大连理工大学化工学院副教授
什么是晶体学? [英]A.M.格拉泽(作者)
　　　　　　　　　　牛津大学物理学荣誉教授
　　　　　　　　　　华威大学客座教授
　　　　　　　　刘　涛(译者)
　　　　　　　　　　大连理工大学化工学院教授
　　　　　　　　赵　亮(译者)
　　　　　　　　　　大连理工大学化工学院副研究员
什么是三角学? [加]格伦·范·布鲁梅伦(作者)
　　　　　　　　　　奎斯特大学数学系协调员
　　　　　　　　　　加拿大数学史与哲学学会前主席
　　　　　　　　雷逢春(译者)
　　　　　　　　　　大连理工大学数学科学学院教授
　　　　　　　　李风玲(译者)
　　　　　　　　　　大连理工大学数学科学学院教授

什么是对称学？ ［英］伊恩·斯图尔特（作者）
　　　　　　　　英国皇家学会会员
　　　　　　　　华威大学数学专业荣誉教授
　　　　刘西民（译者）
　　　　　　　　大连理工大学数学科学学院教授
　　　　李风玲（译者）
　　　　　　　　大连理工大学数学科学学院教授

什么是麻醉学？ ［英］艾登·奥唐纳（作者）
　　　　　　　　英国皇家麻醉师学院研究员
　　　　　　　　澳大利亚和新西兰麻醉师学院研究员
　　　　毕聪杰（译者）
　　　　　　　　大连理工大学附属中心医院麻醉科副主任、主任医师
　　　　　　　　大连市青年才俊

什么是药品？　［英］莱斯·艾弗森（作者）
　　　　　　　　牛津大学药理学系客座教授
　　　　　　　　剑桥大学MRC神经化学药理学组前主任
　　　　程　昉（译者）
　　　　　　　　大连理工大学化工学院药学系教授
　　　　张立军（译者）
　　　　　　　　大连市第三人民医院主任医师、专业技术二级教授
　　　　　　　　"兴辽英才计划"领军医学名家

什么是哺乳动物？
　　　　　　［英］T. S. 肯普（作者）
　　　　　　　　牛津大学圣约翰学院荣誉研究员
　　　　　　　　曾任牛津大学自然历史博物馆动物学系讲师
　　　　　　　　牛津大学动物学藏品馆长
　　　　田　天（译者）
　　　　　　　　大连理工大学环境学院副教授
　　　　王鹤霏（译者）
　　　　　　　　国家海洋环境监测中心工程师

什么是兽医学？ ［英］詹姆斯·耶茨（作者）
　　　　　　　　英国皇家动物保护协会首席兽医官
　　　　　　　　英国皇家兽医学院执业成员、官方兽医
　　　　马　莉（译者）
　　　　　　　　大连理工大学外国语学院副教授

什么是生物多样性保护？

　　　　[英]大卫·W.麦克唐纳（作者）
　　　　　　　　牛津大学野生动物保护研究室主任
　　　　　　　　达尔文咨询委员会主席
　　　　杨　君（译者）
　　　　　　　　大连理工大学生物工程学院党委书记、教授
　　　　　　　　辽宁省生物实验教学示范中心主任
　　　　张　正（译者）
　　　　　　　　大连理工大学生物工程学院博士研究生
　　　　王梓丞（译者）
　　　　　　　　美国俄勒冈州立大学理学院微生物学系学生